じんせいに諦めがつかない

森川葵

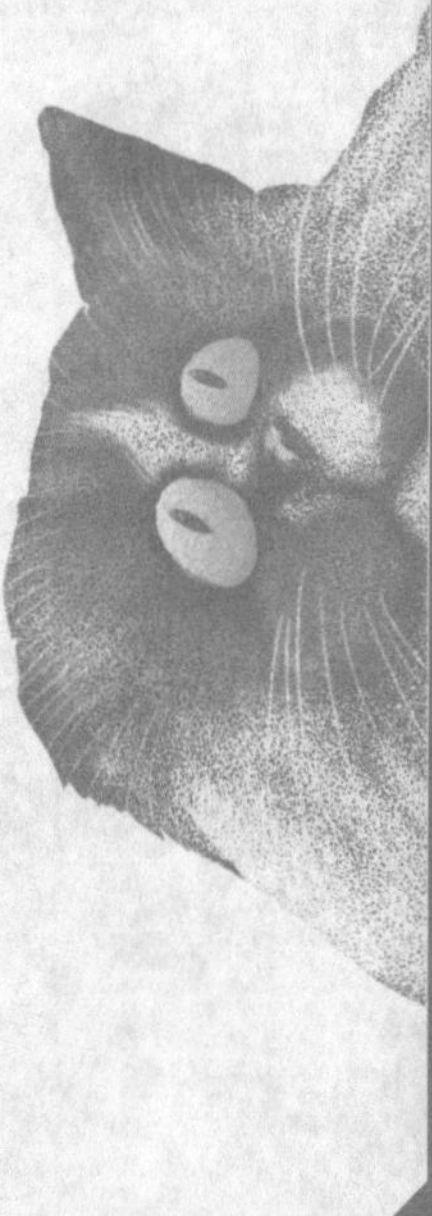

講談社

じんせいに諦めがつかない

目次

はじめに

はじめに

　このエッセイがはじまる前に、まずタイトル決めをしなくてはならなかった。自分で決めて良いよと言われたものの、これにしたいというものはなく、ぼやぼやと悩んだ。なかなか決まらず悩んでいると、森川葵《もりかわあおい》という名前にかけたものが良いのではないかと言われたが、一生残り続けるものと考えるとタイトルに自分の名前を入れるということがどうも小っ恥ずかしくやめた。なにが小っ恥ずかしいかといえば、連載を始める前から、連載後には単行本にするかも、と言われていたので本当に単行本になった際に我が家の本棚に私の名前をもじったタイトルの本を飾るのが恥ずかしかったからだ。

尚且つ、書店で売られた時のことを考え、私のことを知っている人、興味のある人はタイトルがなんであろうと手に取ってくれる可能性が高いが、私のことを知らない人からすれば、名前を前面に押し出されたところで、「誰だ?」にしか繫がらないと考えたからだ。私のことを知らない人でもタイトルに惹かれ手に取ってくれたら良いなと、またぼやぼやと考えていると頭に浮かんだのが「人生に諦めがつかない」である。

人生というのは誰しもについてまわる言葉であり、死ぬまで終わらない。いや、私は知らない世界だが死んでからも人生というのは続くのかもしれない。魂は生まれ変わりまたこの世に誕生するのかもしれないし、生まれ変わらなくとも、どこか私たちの知らない場所でまた続いていくのかもしれない。……言っておくが私は日本に生まれ日本で育った都合の良い時だけ手を合わせる無宗教である。「人生」というのは誰しもが自分事であり、付き合っていかなくてはならないワードだなと思いどうしても入れたかった。そこに「諦めがつかない」とつけたのはそのまま、人生におけるほとんどの物事に諦めがつかないからだ。

　仕事に疲弊し、もう辞めようと思っても、結局続ける。友人関係に嫌気がさし、友達なんかいらないと思っても、気付けばまた友達を作る。恋愛をしていて二度とこんな経験したくない！　と思うようなことがあっても、また恋をする。まだ寝たい、起きなくてはならない、二度寝をする。起きる。あの映画が見たい、上映が終わっている、登録済みの配信サイトにはない、別のサイトにあった、登録して見る。痩せたい。でも食べたい。運動すればいいか。運動したくない。全てに諦めがつかないのだ。

　これは私だけでなく、多くの方に当てはまることなのではなかろうか。私が挙げた諦めがつかないこと、何か思い当たることはなかっただろうか。全てを諦めて生きているので私は違います、という人は本当にそうだろうか。諦めきれず何か代わりを探していないだろうか。私が思うに人生は諦めがつかないのだ。

「人生」と、「諦めがつかない」、この二つの誰にでも当てはまるワードを掛け合わすことで、私のことを知らない方でも何かのきっかけで奇跡的に手に取ってくれることを願っている。簡単に言ってはいけない言葉だが、死にたいと思うような出来事も生きている中であった。けれど気がつけばここまで生きている。諦めきれなかった。そんな時期を諦めず生きた今の私が考えるのは、現世での人生諦めたって「まだその先にも続いているかもしれない、いつかは終わりが来るのだから、ならばできるだけ現世でやってみるか」である。

このエッセイを読んでくださるみなさまが、何かを感じ、拾いあげ、確かに私もなぜだか人生諦めきれないかもなぁと思ってくれるだけでこのエッセイが単行本として出版される意味があるのかと思う。そしてこの先出くわす様々な辛い出来事に対して「結局人は気付けば乗り越えてるのだから、これもいつかは過去の諦めきれなかったうちのひとつになるのだろうなぁ」と気持ちが少しでも楽になれば良いなと考えている。まぁ、他人の人生に介入するのはそんなに簡単なことじゃないことくらい知っている。

ただそうは言うけれど、誰か一人にとってでもそういう存在になれればいいなと思っている。

では、私の数々の諦めきれなかったエピソードをどうぞお楽しみください。

1

いつかWikipediaに勝る自己紹介を

自己紹介って難しい。正直名前を検索してWikipediaを見てもらうのが一番手っ取り早い自己紹介かもしれない。これを手に取り読んでくださっているということは多分私の誕生日である六月十七日を越しているはずなので二十六歳になった私が存在しているかと思いますが（執筆時二〇二一年五月三十一日）まだ二十五歳なので色々なカウントを今日に合わせます。

十五歳で芸能界に入り（丁度十年前）活動をしてきたそのほぼ全てがWikiのページには書かれている。ダンスが苦手で関節がださいと言われたことがあるとかそんなことまで記載されている。そんなこと書かんくていいのに（笑）。

まだただの田舎育ちの中学三年生だった私は、当時お小遣いをもらっておらず、母にお金頂戴とも言えなくて、それでもコンビニのチキンを友達と買って食べたいという理由から芸能界入りを目指しました。中学生でもお金を得られる方法は何かと考え、新聞配達か芸能の仕事をするという、この二つの選択肢を思いついたのです。あと一年待てば高校生になりバイトをしていくらでも食べられたのに、その頃の私はそのたった一年が待ちきれなかったのです。そして偶然見つけたティーン誌のオーディションに応募しました。母に書類審査用の写真を部屋の中で、普段あまり履かない黄色のかかとの低いミュールを履いて、全身と顔を撮ってもらいました。これ、とっても恥ずかしかった。我が家では母が写真を撮られることがとても嫌いで、写真を撮るという習慣がなかったので余計に。ちなみに母が写真を嫌う理由は写真さえ無ければどんな顔なの？　と聞かれた時に相手に妄想してもらうしかないので写真で本物を見られてしまうよりも綺麗な存在でいられるからだそうだ。そんな母は米倉涼子《よねくらりょうこ》さんに少し似ていて米倉さんをテレビでお見かけすると時々思い出す。皆さんの頭の中の私の母がとんでもなく綺麗な存在になったと思う。母の戦略勝ちだ。

書類審査に通り面接が東京であったが、家族が誰もついて来られないので一人で東京に行かなくてはならなくなった。初めて一人で乗る新幹線。

不安だったので母に新幹線のホームまでついてきてもらった。それなのに母が新幹線を間違えてしまい、私をのぞみに乗せなくてはいけないのに、こだまに乗せられてしまいました。新幹線に乗ったあと車掌さんに、間違えてるねと言われその失敗に気付いた時、初めての一人での遠征だったのと、もう落ちたなという気持ちから席に座りながら泣いた。新幹線のチケットをあんなに隅から隅まで細かく読んだのは後にも先にもこの日だけ。そのまま新幹線の中で編集部の人に、新幹線乗り間違えてしまって遅刻しますと自分で電話連絡したのをすごく覚えている。母をちょっぴり恨んだ。

まぁなんとかそんなハプニングに見舞われながらもそれが功を奏したのか受かりました。未だになぜそんな状況でも受かったのか分からない。それからは人がどうやってカメラの前に立つのか、どうやって写るのが可愛いのか研究の日々です。今思い返せば、私がすぐ人の芝居の技術を盗もうとする癖があるのは、人のやり方を見て学ぶことが多いからなのかなと気付きました。そろそろオリジナリティを生み出したいところですが、まだまだそんな癖が抜けません。そして一年後、今の事務所に入り自然な流れでお芝居を始めました。本当に様々な良い作品に出させて頂きました。その中でも私を大勢の方に知ってもらうきっかけとなったのは「ごめんね青春！」という宮藤官九郎《くどうかんくろう》さんの作品なのかなと思います。未視聴の方はぜひ。未だにその作品の役名の愛称である「あまりん」と呼ばれることもあります。嬉しい反面そこから私の印象を更新できていないという悔しさもあります。知ってもらえているだけでありがたいですが。

そして何年か経ち最近は自然な流れのまま始めたお芝居から少しだけ身を離し「それって⁉実際どうなの課」というバラエティ番組に出演し「ワイルドスピード森川」という新しい称号をもらいました。苦手だと思っていた自分の言葉で話すこと。その楽しさを経験中です。勿論お芝居に飽きたわけではなく、カレーは二日目の方が美味しいように、覚えられなかったことが寝て起きたら覚えていた時のように少し寝かせている状態なのです。

　なんやかんや書いていたら自己紹介終わりました。でもやっぱりWikiには負けるのでもっと詳しく知りたい方はぜひご覧ください。本人より詳しい存在って複雑。もしこの先、一般企業に就職することがあればWikiをプリントアウトして履歴書として出そうかな。

　これから連載をしていく上で正直テーマを決めておらずどんなテイストでどんなことを書くのか未知ですが、嘘はつかない、自分を良く見せようとしないをモットーにWikiには書かれていない部分をさらけ出して書いていこうと思っています。皆さんに特に覚えておいて欲しいことは、私の母は米倉涼子さん似ということです。これからどうぞ宜しくお願いします。

2

答えに近づく

キチとヤン

答えがわからん。

家でゆっくりしている時間が増えたので「ハイパーハードボイルドグルメリポート」という番組を動画配信サイトで見ていた。冒頭の言葉は、VTR終わりに番組唯一の出演者である小籔《こやぶ》さんが放った言葉だった。この番組を見ていると本当にこんなことが世界の片隅では起きているのかと驚愕する。そして毎回取材に行くディレクターさんを尊敬してしまう。タイトルにも入っているようにグルメリポート番組でありながら、安全かわからない世界の食べ物を毎回食べて伝えて教えてくれて、本当にそれ美味しいの？　という物を大体「ｇｏｏｄ！」と言って食べている。今まで見たことのないスタイルの番組で、スタジオにセットは無く、ただ一つ、小籔さんがＶＴＲを見るためだけのパイプ椅子が用意されている。そしてスタジオの照明はなぜかいつも暗い。つい食レポ以外の部分に目が行きがちになってしまうが、この番組では平和に日本で暮らしていたら見えてこない世界が映し出されている。難民キャンプでの食事や、ほとんどの回に出てくる学校にすら通えていない子供。大手ファストフード店のゴミから残飯を子供が掘り出して、それをもう一度揚げて販売する。ここに挙げたのはほんの一部。これだけでもどんなことをテーマに取り上げている番組か十分理解いただけたのではないだろうか。

何ができるかも大事だが、何を思うかも大事だと私は思う。ちなみにこの番組を見たからといって私は何も行動できていない。それじゃ意味ないじゃん、そう思う方も多くいるかもしれない。この番組は「あなたに何ができますか」と問いかけていることとは、別の問いかけをしているように感じる。だからといって何もしないことを正当化しているわけでもない。何もできないと思っている。この思考が良くないのだけれど、では私に何ができるのか?

ここでまた、答えがわからんという言葉が大きく胸に響く。

先日友達と家でお茶していた時に、こんな話をした。「これから自分達は子供を産むかもしれないけれど、もしできることならば、命を作り出す

（0を1に増やす）のではなく、今殺処分されそうになっている動物の命（1が0になりそうになっている）を救いたい」と。あくまで周りの友達が結婚し始めて焦りだす、あと数年で三十歳目前となったお茶タイムの戯言ではあった。子供を作ることに反対しているのではなく、いずれは子供を産みたいと考えているし、なんなら二十代前半で早く結婚したいと思っていたくらいだ。そして確かに、私は0を1にする余裕よりも、1を0にしない余裕の方があるかもしれないと気付いたのだった。

今、我が家には二匹の保護猫がいる。一匹は三年前友人から保護してくれないかと頼まれて保護した、全身が黒に白の靴下を履いたような柄の元野良猫のキチ君。そして最近飼い始めた（初耳だ！　という方も多いはず）ペットショップで里親募集をしていたところを引き取った、全身白で鼻の周りが少し黒くなっているヤンちゃん。このヤンちゃんは先日病院に連れて行ったところ獣医さんに「ヤンチャな子だね」と言われ、元々の名前に代わってやんちゃのヤンちゃんになった。二匹とも本当に可愛くて、先住猫であるキチ君に関しては体重が6・5kgとかなりの巨体であるものの、いつまで経っても甘えん坊で私がトイレやお風呂に行くと扉の前で待っている、まるで犬みたいな性格をしている。そう、もう私にとってこの二匹は自分の子供のような存在なのである。二匹のためなら基本的には何でも我慢できる。ご飯の時間に起こされること、日々のトイレ掃除、新しく買ったお高めのソファで爪研ぎされても、夜寝ようと思ったのに運動会が始まって、多分わざとだが私のお腹の上や顔の上を踏みつけて家中を走り回ることも（後半、二つに関しては本音でいうとやめて欲しい）。それぐらい可愛いし、愛おしい。勿論里親として命を保護するというのも「答え」に当てはまると思う。私は二匹の猫の命を救ったつもりでいたけれど、保健所に保護されている数多くの命は救えていないし、たった二匹の猫を保護しただけで、良いことした気分を味わっていた。もしも私がこれまで使ったお金、そしてこれから使うお金、二匹に対して使ったお金を何かの寄付金へ回していたら、もしかしたら少しは世界が変わっていたかもしれない。でもやっぱり、答えはわからない。お仕事で得た対価で、今自分が可能な範囲のできることをしているつもり。

人生において何をしていてもずっと、答えがわからん。この言葉がついて回ると思う。でもこの言葉をきっかけに考えてみるということが、その答えに一歩近づくヒントなのかもしれない。

この文章の締めもこれでいいのだろうか、答えがわからん。

3

いつまでも成長期

先日、初めて寄稿した自分のエッセイを掲載誌で読み、猛烈に反省してしまった。「わーお」そんな風に口からつい声が出てしまうくらい文章が途切れ途切れで、書いているときに感じていた「こりゃ面白い！」という感覚とは違った。おかしい。どこからあの自信は湧き上がっていたのか。ずっとやりたいと思っていたエッセイ連載のお話を頂いてから文章を書き始め、書くのが止まらない、やっぱり才能があるのかもしれない！　なんて自分を過信して浮き立っていたとしか言えない。

例え話をしても無駄だと分かっているが、私が十代だったら、「もう少し良いものが書けるよ！」とか、「もう何本か書いてみて！」と言ってくれる人がいたのだろうか。大人になると怒ってくれる人がいなくなる、という話とは少し違うけれど、私の頑固な性格を知っているから何も言わずにそっとしてくれていたのか、それとも面白いと思ってくれていたのか。真相は分からないけれどなんだか少し寂しい気持ちになった。

大人になったと言えば、昔は年齢を重ねることが大人になることだと思っていたけれど、最近では年齢と関係なく日々の生活の中で感じることが多い。

この原稿の執筆時はオリンピック開催中で、テレビをつければあちこちの放送局でオリンピックが放送されている。つい夢中になって一つの種目に見入っていると、同じ時間帯に放送していた別の競技で「日本が金メダルを獲得」という速報が流れ、「しまった！　見逃した！」と慌ててチャンネルを変えて選手のインタビューを見る。リプレイで金メダル獲得の瞬間を見ることも多くあった。

恥ずかしながら、実は二十六年生きてきてオリンピックをきちんと見るのは人生初であった。私はスポーツが苦手で体育の成績は五段階評価で大体2か3。自分にとってスポーツは、苦手意識の強い、あまり関わりのないものと思っていたからだ。言葉の壁を超えて様々な国の代表者が一つの場所に集まり、誠意をもって闘う、自分にとって関係がなくてもこんなにも熱くなれるものということを理解していなかったのだ。

子供の頃、オリンピックが開催されている時はテレビをつけてもバラエティ番組が放送されず、今のようにネット配信などのコンテンツも普及していなかったのでテレビを見るか、ビデオを見るかの選択しかなく退屈だった。大人は盛り上がって楽しそうに見ているけれど全く知らない人同士の闘いを見てどうしてそこまで盛り上がれるのだろうか、と不思議に見ていた。

そんな大人に自分もいつの間にかなっていたのだ。年齢だけを気にして大人だと思っていた「大人」とは少しだけ違う。
十九、二十歳の頃は植物を育てたいと思っていたが、毎日の水やりなど私にはできるわけがなく、水やりの必要がなく、吊るしておける、そんな気楽さに魅力を感じてドライフラワーを家に飾っていた。撮影現場でクランクアップの時に頂くお花の包装を外し、自分で花束の茎を紐でくくり直し、ドライフラワーをよく作っていた。自作のせいか、臭くなって部屋中が枯れた草木の匂いで満ちることも稀にあった。しかし現在では六つの小さな鉢で観葉植物を育てており、水やりはたまに忘れてしまうこともあるけれど、それでも枯らさずに育てている。そして植物の世話が嫌いではないことに気づく。今は小さな植物ばかりだけれどいずれは大きなものをベランダに置きたいと思っているし、プランターなどに植えられた花もいいなと思い始めている。花は枯れると花弁が落ちるのでその掃除が嫌なこともあり、今はまだ育てていないが、出来なかったことが気づけば出来るようになっているように、そんなことは気にせず育てている未来が待っているかもしれない。

ということは、だ。冒頭の話に戻るがこのエッセイを書いて掲載誌で確認するうちに、ダメな部分に自分でも気がつき、書けなかったようなことが書けるようになり、修正できていくようになるかもしれない。これはもちろん、そうなるまでに自分が日常でどんな経験を積むか、そして他の人の書いたどんな文章を読むかによって変わっていくと思う。今風のエッセイはこうでしょう！　と決めつけることもなく私らしいエッセイが知らないうちに書けるようになっていたらいいと思う。

　日々の努力ももちろん大切だけれども、大人になっていつの間にか出来るようになっていることは沢山ある。でもそれは自分自身が成長していくように、知らない間に努力していた成果かもしれない。

　オリンピックの競技がどれも素晴らしく、見たいものが多すぎてリモコンが手放せない。これが大人ってやつか……。

4

便利が全て良いとは限らない

我が家に猫用自動掃除トイレが導入された。

このトイレ、なんと六万円もする超高級ペット用トイレなのだ。しかし猫を飼っていない人にはその存在があまり知られていないため、友達に「我が家に自動トイレが来たんですよ！」と話したところで「ん？　トイレ？」くらいの反応しか返ってこない。が、せっかくなので説明させて欲しい。犬と違い猫には体臭がほとんどない。しかし排泄物がものすごく臭い。アンモニア臭が強く、掃除をしていると鼻の奥がツーンとすることもある。我が家には二匹の猫がいるのでその分量が二倍。本来は猫の数に加えてもう一つ（我が家でいうと三つ）トイレを置くのがふさわしいと言われているが、二つしか置いていなかった。理由は自動トイレを買おうと思っていたので、その後の処分が大変だからだ。置かれていた二つのトイレをどう使いわけしていたのか分からないが、必ず両方が使われていた。片方だけ使ってくれれば掃除が一つで楽なのに。必ず毎日最低一回の掃除をする。トイレの中には砂が入っていて排泄をすると砂が固まり、その部分だけを専用のスコップですくい取り捨てるシステムになっている。我が家の先住猫であるキチ君は砂を掘りまくってトイレの端にするので、トイレの壁に砂がひっついて固まる。これが厄介で、排泄で固まった砂を壁から剝がそうとするとボロボロと崩れるのだ。崩れると中からアンモニア臭が漂ってくる。涙が出そうになる程、刺激が強い時もある。新入りのヤンちゃんはトイレの中央辺りにしてくれるので、丸くころんとした塊になっていて掃除しやすく有難い。子猫なので量もまだ多くなく楽である。時には匂いが強すぎて泣きながらしていたこの掃除から解放されたのである！この感動、今伝わってますか！

　自動トイレはドーム状になっていて、回転して排泄物だけをうまく取り除ける仕組みになっている。私の作業は取り除かれた排泄物が少し溜まった頃に機械から取り出し、捨てるだけなのだ。買う前にレビューなどを読んだら本体のサイズがかなり大きいと書かれていたので覚悟していたが、届いてみると覚悟を上回る大きさで、宅配のお兄さんが「入りますかね」

と玄関で悩んだくらいだ。本体を取り出した後の段ボールや梱包材もあまりに大きくて処分に困った。その点を除けば、こんなに楽をしていいのかと思ってしまうほど便利である。猫のトイレに六万円、高いなと思っていたけれど、買って納得。これまでの大変さや時間を考えれば、六万円は安い！……とまでは言えないが良い買い物をした。私はなんの為に働いている？　猫たちに快適に過ごしてもらうために働いているのだ。猫にとっても前にした排泄物が一切無いトイレでするのはさぞ快適でしょう。人間だって毎回流すじゃないか。それが猫にとっても可能な時が来たのだ。時代の進化と共に暮らしやすくなっていたのは人間だけじゃなかった。この機械はアプリと連動していて、飼い猫を登録することで、猫がドーム内に入るたびに、キチ君かヤンちゃんかを認識した上で、体重と滞在時間が携帯に来るようになっている。「キチが来ました5・9kg　stayed61s」といった通知が来るのだが、なぜ秒数を計る機能がついているか理解ができなかった。しかし何度も見ているうちに、平均滞在時間が分かってくる。すると滞在時間を見るだけで猫たちの排泄状況が丸わかりであることに気付いてしまった。今日のヤンちゃんはトイレ回数多いなとか、キチ君は時間が長いなどと仕事で外に出ている時にも猫の存在を感じることができる。こんな愛情表現は気味が悪いけれど、気の毒可愛い。

トイレが届いてから一週間くらい経った時の出来事だった。トイレの中のゴム部分が齧られて少し穴が空いてしまったのだ。キチには齧り癖があり、様々な物を噛むので犯人はすぐに分かった。果たしてその一部分だけでいくらの損失になるのか。見つけてしまった時には怒りと悲しみの感情が湧き、見間違いであって欲しいという気持ちで、トイレの前に座り込み眺め続けた。眺めても何も変わらないと気付き、ついキチに感情をぶつけそうになってしまったけれども、勝手に買ったのは私で、猫たちが欲しいと言ったわけではない。中を齧ってはいけません、なんてことも教えていない。人間が勝手に与えて、今日は長いねなんて監視までしたせいか。バレていないと思っていたけれど、もしかしたらキチには、この機械は何か怪しいと感じ取られていたのかもしれない。これからは、毎回通知が来るたびに見るのはやめるし、大か小かの見極めもしない。だからお願い。六万円の破壊だけは勘弁してくれ。早く便利なトイレだけでなく、猫と会話ができる機械を誰かが発明したらこの気持ちを直接言葉で伝えられるのに。

しかし猫たちが発言権を持ったら言われてしまうのだろうか、「監視社会反対」と。

5

どんな言葉で飾るよりも

ここ最近よく合唱曲を聴いている。実は合唱曲を聴くのがとても好きだ。あまり共感されないかもしれないが、仕事へ行く前に合唱曲を聴くと心の中の何か黒い邪悪なものが消えていくような気がする。そうすることで寝起きが悪く、あまり体調が優れない日の「今日はもう少し寝ていたいのに」「今日はあまり外に出たくない」等といったネガティブな感情が和らぐのである。

玄関を出る直前にイヤホンを装着する。携帯でミュージックアプリを開き、すでにダウンロードしてある合唱ソングのアルバムを選ぶ。あとは収録曲を頭の一曲目から流していくだけだ。毎回一曲目から流すのでどうしてもその曲が一番多く再生され、アルバムの最後の方に収録されている曲は圧倒的に聴いている回数が少なくなる。シャッフルはあまり好きではない。順番通りに聴き、曲終わりから次の曲が再生されるまでの一瞬の無音、伴奏が始まるタイミングを記憶し、曲の出だしとピッタリ合わせて歌いはじめること（脳内で）が好きなのだ。その理由は明確ではないが学生時代、音楽の先生に「合唱をするときは、指揮者が手を上げたらそれに合わせて足を少し横に開きなさい」と教えられたのが関係しているのではないかと思う。言葉で伝えるのは難しいが、一連の流れを説明してみる。指揮者が手を上げて、歌う側が一斉に足を開くと、床に足が少し擦れてサッと音がする。指揮者とピアニストが目を合わせて、伴奏は始まるのだが、この指揮者が手を上げて、歌い手が足を広げ、伴奏が始まるまでのほんの数秒の沈黙。唾を飲めばゴクリと聞こえてしまいそうな程、静かで皆が集中する一瞬が好きなのだ。この一瞬と、アプリで次の曲が始まるまでの一瞬の無音を重ねて楽しんでいるのかもしれない。

中学生時代、好きな学校行事はほとんどなかった。しかし毎年楽しみにしていて、これだけは、と張り切っていたのが合唱コンクールだった。ご存知の方もいるかと思うが、私は歌うことが苦手だ。幼少期、母親に「あなたは歌が上手くないからあまり人前で歌わない方がいいよ」と言われたことが大きい。勘違いしてほしくないのは、この母の発言に傷ついている訳ではなく同意しているのだ。私が十代だった頃、深夜放送のバラエティ番組で歌うことがあったが下手すぎてほぼ放送事故だった。たまに可愛くて良いじゃないかと言う人もいるが、私的には抹消したい過去だ。……自ら掘り返してしまった。

何故そんな人間が合唱コンクールを好きだったのか不思議に思うだろう。それは、毎年やる指揮者というポジションが好きだったからである。歌わなくていいからという理由もあるが、他にもう一つ理由があった。中学生時代あまり目立つタイプではなかったが、こうして芸能人として人前に立っているように、その頃から人に注目されたいという気持ちが多少はあった。そんな私が唯一目立つことができたのが「合唱コンクール」だったのだ。学校行事の中でも体育祭などと比較すると苦手な人が多いからこそ、狙い目だった。私の学校では指揮者はあまり人気が無く、立候補すればほぼ確実にその座につけた。そんな理由でやっていた指揮者も、中学三年間毎年やっていたらそこそこ上達し、最後の年には最優秀指揮者賞を受賞した。歌いたくない、目立ちたいという理由で始めた指揮者だったが、いつの間にか本気になってやっていたのだ。不純な動機から始めたが、高校受験の際には履歴書に書けて、意外にも役に立った。

これを書いている現在、六本木のEX THEATER ROPPONGIで朗読劇を公演中だ。演劇の最後には出演者全員で歌う部分がある。中学生の頃は歌いたくない、でも目立ちたいと指揮者をしていた私が、そこから約十年後にまさか九百五十人もの観客の前に立ち、歌を歌うことになるなんて思いもしなかった。初めは歌うことに戸惑い、音程を合わせることに必死で周りのことを気にする余裕などなかったけれど、回を重ねるごとに物語に没入し「歌っている私」ではなく皆で一体になっている心地よさを感じるようになってきた。歌を歌うことへの抵抗が少し無くなったのである。もちろん今回は演者で、舞台の演出の一部として歌っているおかげもあり、抵抗感が和らいでいる可能性は大いにあるが、かなりの進歩である。森川葵として歌ってくださいと言われて歌うのはまだ恥じらいがあるけれど、こうして少しずつ歌うこととの距離を詰めていけたらと思う。

大人になり合唱曲を聴くと、こんな歌詞だったんだなと気づく。学生時代とは違う解釈をできるのがまた面白い。最近のお気に入りは『Smile Again』と『この星に生まれて』という曲である。知らない方はもとより、知っている方も改めて聴くことをお勧めする。こんなに真っ直ぐ背中を押されると気恥ずかしくもなるが、そのまま受け取ってみて欲しい。いつかこれらの曲を歌が上手くないからとかそんなこと気にせずに楽しく歌えたらと今日も脳内で口ずさむ。

6

質素な贅沢

先日、出会って三日目のメイクさんにこんな言葉をかけた。「贅沢ですね」、自分の口から出た言葉にハッとした。贅沢という言葉に対して良い印象を持っている人もいれば、反対にあまりよろしくない印象を抱いている人もいるだろう。「贅沢」という言葉を読んだ時に、あなたはどちらの印象を抱くだろうか。贅沢と検索すると、必要な程度を超えて、物事に金銭や物などを使うこと。金銭や物を惜しまないこと。限度や、ふさわしい程度を超えること、と出てくる。私にしてみれば必要な程度を超えるというのは「無駄遣い」と簡単な言葉へ置き換えられてしまう。贅沢への印象はあまり良いものではなく、皮肉も込めて使うことが多かった。しかし、その時は全く違う意味の使い方をしたので大きな発見になったのだ。

そのメイクさんはとても丁寧なメイクをする。今回私がしてもらったのは、最低限のスキンケア、ファンデーション、シャドウ、アイラインくらいだったが、自分でメイクをしてラメやハイライトなどをのせるよりも顔が美しく見えたのだ。ドラマといえばとにかく慌ただしく次から次へかなりの量の撮影をこなしていかなければならない。朝は早く夜は遅い。これがドラマ撮影スケジュールの基本だ。今回撮影していたドラマは出演シーンが多くなく、余裕があったので、出番以外は基本見学をしていた。その時に気づいたのだ。少ない時間の中で、そのメイクさんは助監督さんに「もう本番いくよ」（本番とは、実際にドラマの中で使用される映像をカメラで収録していくこと）と、少々急かされながらも女優さんがどれだけ綺麗に見えるか、どこのメイクを直すか確認しながら落ち着いて細かい作業をしていたのである。その丁寧な手捌きに見惚れたのだ。そう思いながらも直接伝えることはなかったが、出会って三日目の会話の中でその丁寧な手捌きの理由が判明した。

彼は最近シャンプーやボディソープの使用をやめたらしい。ここだけ聞くと不潔と思う人もいるだろうが、私の周りにもそういった人間は増えてきている。私自身もボディソープは月に一回使うか使わないか。仕事でかなり汚れた時のみだ。ネット上ではこの良し悪しについて様々な憶測が飛び交い、調べてもどれが本当か分からないが、私自身は使用しなくなってから、肌の乾燥が少し抑えられるようになった気がした。元々乾燥肌である私はボディソープを使わずお湯でしっかりと洗うことで十分なのだ。昔、タモリさんがボディソープを使わないとテレビで発言していたのを聞いて子供ながらに始めたので、歴としてはかなり長い。使っていないと言うと驚かれるのであまり人に言ったことは無い。それで体臭が臭くなることは無かった。たまに子供みたいな匂いがするとは言われるが、それはどうやら臭いという意味ではないらしい。そのメイクの彼は数ヵ月前に始めたそうで、その際にはセサミオイルをシャンプーやボディソープ代わりに使うという。日本語で書くと、ごま油。私は何も使わない派だったので「ごま⁉」と声を大きくしながら聞き返した。よく話を聞いてみると、我々が普段料理等に使っているものとは違い、煎らずに、生搾りしている物だそうで色や香りがないらしい。一般に販売されているボディオイルなども裏の成分表を見るとこのセサミオイルが使われていることもあるとのこと。セサミオイルを使って洗うことで髪は寝癖が付きにくくなり、体は乾燥が防げて、洗っている時にはオイルをしっかりと体に伸ばし体全体に触れることでここが疲れているな、などの体の変化にも気づくようになったそうだ。おまけに食事にも使えるそうで、料理の際にも使用しているらしい。これは普段の食生活も何かこだわりがありそうだなと詳しく聞いてみると、自分で米を精米しているそうだ。その際に出る米糠を使って糠床を作ったり、味噌も買わずに家で発酵させて作ったりしていると言っていた。そんな話を聞いていくうちに合点がいった。その暮らしの豊かさが、彼のするメイクにも反映されているのだと。それに対し私は「贅沢ですね」と言ったのだ。これまで使っていた意味とは真逆の、質素とも言える暮らしに「贅沢」という言葉を使った。言葉の面白さを会話の中から発見した瞬間だった。こうして毎月文章を書いていると段々と自分の普段使う言葉のレパートリーはこれしか無いのだなと気づいてくる。増やしていくためには小説を読むなり、積極的に日本語というものに触れなければならないなと思っていたそんな矢先に、自分の中から新たな言葉の使い方を見出せたことに感動した。語彙を増やさなければと思うのと同時に、これまで使っていた言葉の使い方を見直すのも面白いものだなと感じた。辞書に載っている意味だけでなく、現代らしい言葉の使い方で私らしい言葉の使い方。これも悪くはないのではないだろうか。ああこんな些細なことに気付けて共有できたこと。なんて贅沢だ。

7

今の私

心の中がぐちゃぐちゃしている。書こうとしていることが、まとまっていない状態でエッセイは書かないと決めていたが、まとまった自分だけを見せるよりは色々な回がある方が面白いと思うのでそんな私もお見せしたい。今回は何日間かの中で思ったこと、私の考えをここに書く。

新しい人との繋がりがとても嬉しい。世の中には私と違う仕事をしている人がいて、私と真逆の考えを持つ人がいる。けれどどんな人でも話すと必ず共通点があり、共感し合えることがある。出会いあれば別れあり。別れあれば出会いあり。そんな循環で人生は組み立てられていく。そのスパンは人それぞれ。過去に出会った人の存在がなければ、今日出会った人との共通点は見つからなかったかもしれない。日々そんな繰り返し。どんなに同じ趣味、嗜好を持っていても離れていく者もいる。何を選ぶべきか、選ばないべきか。果たしてその選択が正解なのか。頭で考えて出す答えと、心で出す答えがバラバラになることがある。どちらの答えも私には大切で、真逆の考えが自分一人の中から出ることに興奮する。多重人格なのだろうか。いや、私一人だ。

　何年か前に出会ってはいたけれど、その頃には人生の中に深く入り込んで来なかったのに、今になって深く互いを知り合い、ほぼ全てのことを話せるようになる人がいる。タイミングとは自分で選べないものだ。だがタイミングが来るように仕向けることはできる。その日、その時、その人と出会うタイミングを逃さないよう自分のアンテナを日々磨いておきたい。反対に大好きだった友達に嫌気がさす日もある。どんなに近い距離感で許せる存在と思っていても自分のコントロールが利かず、嫌味を口にしてしまう。ただの不機嫌で済まして、そっとしておいてくれるのが有難い。時に世界から身を潜める日がある。誰の目にも触れず、誰の連絡にも返さずただ猫たちと、家の中で何をするでもなく日が落ちていくのを窓から眺める。インプットとは作品を見て感想を抱いたり、世の中の流行りや、皆が良いと言うものを自分の中に取り込むことだが、この誰とも触れ合わない時間こそ私らしい、人生のインプットのような気がしている。何も考えない時間こそがインプット。私の考えを好きだと言ってくれる人がいる。それなのに私がその人と話していて、一つ決断をしようとしたら「下手くそなんだね。なんか思っていたのと違う」と言われた。人は好きなことを全て肯定するわけではないのだ（ちなみにすごくイラッとした）。下手くそなんじゃなくて、あなたにまだ理解できないだけ。他者の顔を見ていると何を考えているかが大体読める。ある程度の人間の攻略法を学んできたつもりだけど新種だったのかもしれない。

数年に一度、心から嫌いになる人がいる。人間であればどんな考えを持っていようが基本は肯定したいと考えている私だが、その人の全てを否定したくなるような存在がたまに現れるのだ。全てを真っ向から否定してやりたくなる。頭で考えても止められない自分が体の奥底に住み着いている。自分の体なのに自分で制御できないことに面白みを感じて、そういった時には思う存分解放してあげる。

何か物事を達成しなくてはならない時に「大丈夫。私にはできる」と言い聞かせると本当に達成できることが多々ある。何かのリミッターが外れるのだろうか。できなかったことが急にできるようになるのだ。この人に会いたいなと思っていると会える。引き寄せだろうか。自分が人生に諦めの気持ちを持っていると、本当にそっちへ向かって人生が進み始める。反対に好転させようと生きてみると、良い方向へ進み始める。人生の歩く道はすでに決まっていると思いがちな私だけれど、自分で決めることもできるのかもしれないと思い始めている。その第一歩は笑うこと。笑っていると大体のことがうまくいく。ただその反対に悔し涙を流すことも重要である。悔しいことを悔しいと自分で認識すること。「全然平気」と自己暗示をかけていた時期もあったが、それよりも悔しい自分を認めてあげること。敵は他者ではない。敵を敵と見なす自分の心の状態が最大の敵。容姿が違えば考えも違う。身の回りにいる人間は皆素晴らしい。そんな人たちと会い、その人たちらしい美しい考えに触れることがあると、この言葉を聞くために私は今日この人と話したんだなと受け止める。その考えを自分の中に取り込むこと。真似ではない。私を成長させるための少しのスパイス。いろんな味がしたっていいじゃないか。その時々で考えを変えてもいいじゃないか。芯のある人は強い。でも様々な形に自分を変形させていくことができる人も強い。己の考えにそぐわないと他者を傷つける人が一番苦手。人には人の意見がある。常にそれを自分の中に取り入れられる自分でいたい。けれども自分の中にあるいくつかの意見も大事にする。その時々で考えればいっか。……めんどくさがり発動。

8

たとえ間違って
いたとしても

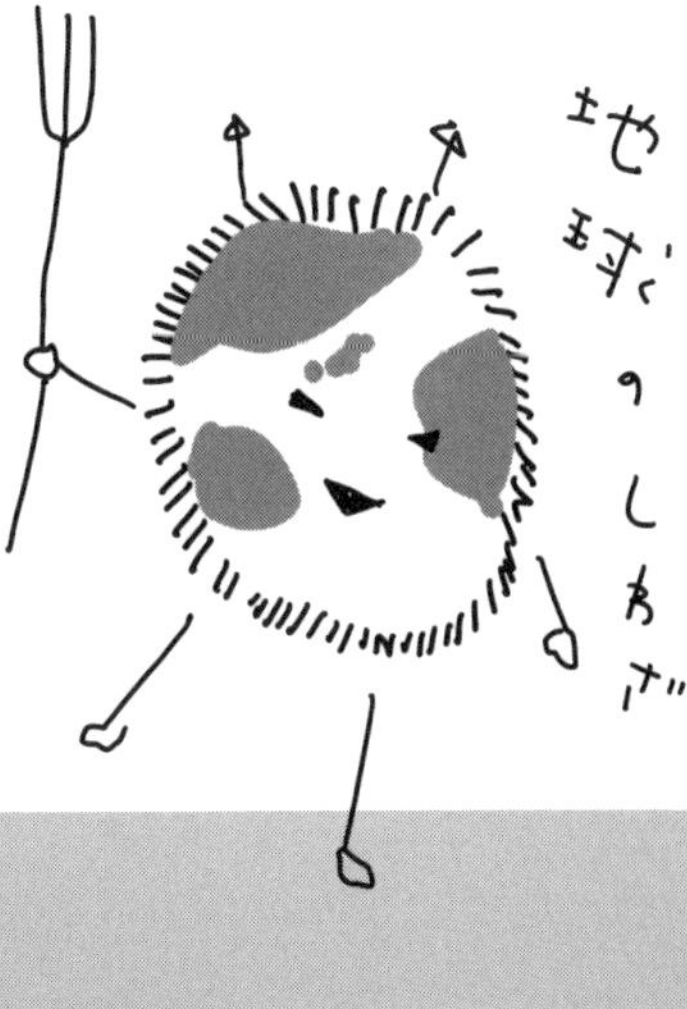

コロナの話をするのは少し怖い。最近になってようやく自分の中で、その恐怖に対峙できるようになり、そろそろ書く時期かと思い立った。あくまでも私の考えであり、正解ではないし、間違っていると言われても仕方がないかもしれない。

そんな題材を取り上げるべきなのだろうか、何度も悩んだ。何度も書こうとしてみた。テレビやネットで目にする情報は何が正しくて、何が間違っているのか。人によって言うことが様々で、どう対応するのが良いのか分からずまとまらなかった。今もまとまってはいないし、終わっていない。なぜ私がそんな状態で今回のエッセイの題材にしようと決めたのか。今身の回りで、世界で起きている事をリアルタイムに伝え、残していくためにこのエッセイの連載がある、そう考えたからだ。収束してからでも十分遅くはない。ただ私が書きたいことは、コロナとはどういった影響を与え、どんな終わりを迎えるのか俯瞰的に物語として書くことではなく、今この時に感じている「感情」なのだ。

これまで毎日働くことが当たり前で、休みがあることに恐怖心を抱いていた。休めばそれまで頑張ってきた努力が減っていくと感じていた。努力が減るとはおかしな日本語かもしれない。けれど、私の中にはそんな感覚が存在していた。休まずに身体を張って努力をすれば、誰かに認められ報われる。十代から突っ走るように働いてきた私はそう信じていた。休むという行為に対しての恐怖心が、休むという選択肢を取らなかった年数分増幅し、身を削り休まないことこそ美しいと感じていたのだ。そんな私に強制的に休みを与えたのが新型コロナウイルスだった。日本国内に蔓延し始めた頃、普段、仕事としている撮影やバラエティの収録は止まった。舞台は中止になり、テレビで流れるドラマは再放送ばかり。エンターテインメントは不要不急とされた。突然与えられた休みに初めはもちろん戸惑った。仕事は無くなり、次はいつ動き出せるのか分からない。公開するはずだった映画の度重なる延期。減る収入。たてられない予定と見えない未来。人に会えない孤独と不安。全てが初めてのことだった。私よりも大人の人達が困惑し、対処のしようがないことに焦っている姿も多く見た。ただ、私には次第にこの状況がとても良いものへと変わっていった。何もせず家でダラダラと時間が過ぎていく日々。周りも皆休みになっているので焦りは何もない。そのおかげで開設することになったＹｏｕＴｕｂｅチャンネル。何もできないという環境こそが私の考えを変えてくれた。世の中のニュースがネガティブなものばかりの状況で悲観的になっていても何も生み出さないという気付きから、ポジティブに全てを変換することができるようになった。コロナ禍になったからこそ、今では何に対しても「どうにかなる」と強い気持ちで対処している。東京オリンピックだって、結果私は開催して良かったのではないかと思う。丁度開催の時期に感染者数が増えたり、選手が万全の状態で参加できなかったりと良いことばかりではなかったはずだが、私はこういった状況下でなければ一視聴者としてあれほど熱中して、一人で声をあげながら応援することはなかった。そうでなければ、開催していることすら知らず、それまでと変わらない反応をしていただろう。

リモートワークという働き方が当たり前になり、人に会わずとも仕事が進められる。この働き方が定着したことで、これまでの対面して働くという、当たり前だったことの有難さにも気づくことができた。特に私の仕事は対面でなければできない仕事である。数多くの人に巡り会い、その人達と時間を共有しながら働くことで、物を作り出しているということに改めて感謝した。ただそんな会えなくて作り出せないという状況の中でも皆諦めず思考を働かせたことにより、テレビ画面上に更に画面を映し出すという新たな撮影方法も編み出された。これまでのものが懐かしいものになり始めていることを考えると流行の移り変わりの速さに驚くが、新たな手法が生まれたことで映像表現の幅も広がったのではないかと考える。世の中はコロナのこともありネット環境がさらに整い、オンライン上だけで済む物事が増えた。現金の受け渡しはさらに少なくなり、キャッシュレス決済はほとんどの店で当たり前のようにできるようになった。先日クレジットカードが使えなくて、支払いができないという事件が発生したのだが、いかにネット決済に頼りながら生活しているのか身に染みて感じた。

もしかしたら地球が人間に対して新たな生き方を提唱するためにこんな状況を作り出したのかもしれない。今の若い人は可哀想なんて言われることもあるが、私は今の時代を生きていることを苦痛には感じない。今を生きることは、苦しくもとてもプラスな経験として私の中に残っていく。知らないよりも知っている方が強い。今の時代を乗り切り、余裕をもつことができた。この事実はいつか私の強みとなるだろう。

9
マジック　テジナショウ

魔法とは科学技術が進化しすぎて人間が理解し得なくなった最上級のものをそう呼ぶのではないか。昔からそのように考えることがある。もしも魔法が使えたなら、世界はもっと平和になるのだろうか。それとも争いが増えるのだろうか。

電話はなぜその人の声があんなちっぽけな機械から聞こえてくるのだろう。私が小さな声で話せば小さく、大きな声で話せば大きく、高い音、低い音、世界のどこにいてもそのまま伝わる。機械に詳しい人に聞けば説明してくれるのかもしれないが、私にとってはまるで魔法のようだ。人の動きで反応するセンサーやワイヤレス充電器だってそうだ。我が家の玄関は人が通ると電気が点くようになっている。センサーが作動していることはなんとなく理解できるが、なぜ人の動きを感知できるのか私には謎だ。ワイヤレス充電器も同様で、細かな仕組みはてんでわからない。

昔受けた理科の授業で、電池のプラスとマイナスをうまく組み合わせて電気を点ける実験があった。一つでも手順を間違えれば電気は点かない。

電流が流れることで、点灯するのはなんとなく理解したような気がしていた。しかし今こうして書いている間にも疑問は浮かぶ。充電するとはそもそもどういうことなのだ。その電気を小さな機械に蓄え、なぜ持ち歩くことができるのか。解こうとすればするほど謎は多くなる。

話を戻そう。繋げるという行為で私の頭でも理解出来ていたものが、ワイヤレスで繋げてしまうのだ。手は、触れなければ繋いでいることにはならない。しかしこれでは手を繋いでいないのに握手をしているということになってしまう。では、その物体と物体の間に何か発生しているのか、物体同士の隙間を見てみても何もない。指だって通すことができる。まるで昔テレビで見たマジックショウだ。浮くはずのない物体がマジシャンによって浮き、それを支えている棒や、吊るしている糸は私たちの目には映らない。地面や左右上下どこに手を動かしてみても、触れることも出来ない。置くだけで充電できるとはマジックなのか。

人間は楽をすることが好きだと私は思う。私自身も毎日家でできるだけ寝ていたいし、家事を全てやってくれる人や機械があればなお嬉しい。こんな堕落した考えから全ての物は生まれると思う。ワイヤレス充電器だってコードを差すのが面倒臭い、そんな考えから始まっているのかもしれない。ロボット掃除機や、洗濯機の洗剤自動投入機能など、人間は不便から遠ざかっている。しかしいくら便利になろうと人間は満足しない。先日テレビを見ていたときに、ロボット掃除機の掃除を自動化して欲しいと言うタレントさんがいた。まさに私も使用しているが、ロボット掃除機の使用後の細部の掃除が嫌なのだ。通常の掃除機とは異なり、掃除をする度に手を汚し、機械にこびりついたゴミを処理しなければならない。これが面倒なのだ。何が全自動掃除機だと、たまに思ってしまう。

掃除の手間が省ける便利さを享受してしまうと、その先の面倒臭さに目がいき、楽になっている部分を見落としてしまう。機械からすれば人間こそ面倒臭い生き物であるように見えているかもしれない。機械に感情があれば、これ以上どんなケチをつけるのだと文句を言いたくなるだろう。それでも人間は満足できないのだ。便利になった今でも世界中の人間たちは更に利便性を追求する。それにより地球は元あった状態から変化を続け、今では地球を守ろうとするＳＤＧｓといった動きが提唱されることも多くなった。未来を生きる人間のために、地球を守ろう。人間は地球に住めなくなったらどこへ行くのか。

「地球に優しい社会」と言われても、利便性は高め続ける。元には戻れないし、戻せない。未来を生きる人間たちは不便であることを許容できるのか。将来、地球に人間が住めなくなったとしたら、これから生まれてくる人は悲しむかもしれない。私達の今だけが大事なわけではない。けれども今の便利さを捨てるのは私には難しい。便利になりすぎて仕組みがわからなくなった家電。私にとってはほぼ魔法のような代物である。

昔「ハリー・ポッター」を映画で見たときに、登場する動く絵画をすごいと思ったが、今は街中に動画広告が溢れかえっている。今更この魔法を捨てられない。この魔法がもっと進化したら魔法戦争でも起きてしまうのだろうか。今はそんな未来のことよりも人々がその手に武器を持ち、大勢の人が被害にあっている事態がいち早く改善することを願っている。

10

お寿司が嫌いでした

人はネガティブな感情をあまり共有したがらない。

私にもこんなことがあったと知ってもらうことで、一人でも気持ちが軽くなる人がいてくれたら。そう願って書く。

正直、私は心が弱くて脆い。自己肯定感も高くない。ブスと言われて凹んだり、友達に「葵は何を言っているか分からない時があるよね」と言われて話すのが嫌になったこともある。今は少しだけ受け流すのが上手くなった。

言われたことを全て真っ直ぐ受け止めてしまっていた頃、私の心は荒んでいた。一人愛知から上京し、当然友達も、頼れる人も誰一人としていない都会で一人暮らしをはじめ、オートロックの無い高速道路脇の1Kのマンションに住んでいた。バス・トイレは一緒、トイレにウォシュレットはついていないし、お風呂に入っていると換気扇か何かが繋がっているせいで他の部屋の音が鮮明に聞こえた。今思い返せばあまりあの家で楽しく過ごした記憶はない。日は差すけれどなんだか常に暗くて、眠るのが好きな私なのに全く眠れなかった。そのため夜はかなり遅くまで起き、気持ちが落ち込むこともあり、ようやく眠れたと思ったら朝早くに目が覚めてしまう。仕事のない日でもほんの少しの時間しか眠れないという日々を送っていた。そんな時に夜遊ぶ友達がいてくれたら良かったのだが、未成年でそもそも遊びに出掛けられない。夜遅く、気を紛らわせようと近所のコンビニに行くが何を買ったら良いのか分からず、コンビニの棚を長時間ただ眺めるということを何度も繰り返した。

ご飯を食べるという行為も苦手だった。思春期だったこともあり食べればすぐに体重が増え、一番ついてほしくない顔に肉がついたからだ。食べないダイエットを何度も繰り返したが、思春期太りには抗えず、体重計に乗るたびに一喜一憂して感情が体重に振り回される日々。断食と過食を繰り返した胃袋は満腹中枢がおかしくなっていて、食べても食べてもお腹いっぱいにならず痩せてもまた過食してしまい、断食した期間を何度も無駄にした。「なんでこんな顔なんだ」と自分の顔を引っ掻きながらひたすら泣いて、泣いて浮腫《むく》んだ顔を見て更に自分のことが嫌いになった。

人間は睡眠と健康的な食事が行えなくなると精神の管理を自力でできなくなると思う。そこそこ忙しい日々を送っていたので仕事から帰ると台本を覚えて早く寝なくてはならないのに、前述した通り眠れないので何をするかといえば、何時間も泣き続けるのであった。何かその日失敗した、そういった出来事は無い。何も理由は無いのだが、なぜか涙が止まらなくなるのだ。理由が無いので泣き止む術も無い。疲れるまで泣いて、そのまま眠るのだ。誰にもこの精神状態のことを打ち明けられなかった。言葉を話せない、でも誰かに何かを訴えたい赤ちゃんと一緒だった。私が生きている理由ってなんだろう。何のために生きているんだろう。そう考える毎日だった。

感情のコントロールが利かなくなると家で涙が止まらなくなるだけでなく今度は現場で突然涙が止まらなくなるということもあった。あの頃一緒にやっていたドラマのメンバー、そしてスタッフさんには申し訳ないと思っている。少々口が悪いが、やばいやつと思われていても仕方ない、嫌っていて欲しい。今でもそう思う程迷惑をかけた。

いずれなぜこんな心の状態を抜け出せたのかは詳しく書こうと思っているが、今では夜一人で泣くことも無くなり、満腹中枢も正常に戻った。昔は食べられなかった食べ物も食べられるようになり、刺身とお米が嫌いだった私の大敵、お寿司がこんなにも美味しい食べ物だったと気づけた。長年の友人で、私のことをよく知る人たちにその話をすると皆「ようやく人間になったね」と口を揃えて言った。

昔の私を否定する訳ではないけれど、今の私が好き。毎日生きている理由を探し続ける日々には戻りたくない。今の私にはとても素敵な友達がいて、こんなにも好きだと言える仕事が目の前にある。時々昔の自己肯定感の低い自分が出てきて、嫌なことを受け流せることがいいことなのか？とか、あなたが生きている理由なんてどこにあるの？　と問いかけてくるけど、めげない心の強さを持てた。弱った時には人に相談する力もついた。人に相談する勇気。これは簡単なことではない。経験上、辛ければ辛いほど平気なフリをしてしまう。

難しいことだけど、辛い時には辛いと言う勇気を持って生きて欲しい。これができるようになって、私は少し強くなれたから。

11

再会と再開

現在（二〇二二年六月十日時点）毎週水曜日二十二時から放送中の『ナンバMG5』の主人公・難破《なんば》剛《たけし》が先日クランクアップした。難破剛、つまり間宮《まみや》祥《しょう》太朗《たろう》さんのことだ。

一つの作品で出演するシーン全ての撮影が終了することを業界用語でクランクアップと呼ぶ。まるで英語みたいだけど、英語圏じゃその意味では伝わらないらしい。wrap up もしくは finish shooting と言うようだ。当たり前のように十年以上現場で使ってきたので、まさか伝わらないとは、と驚いた。今回、もしかしたら読者の皆さんにこの「クランクアップ」の意味が伝わらないかもしれないと思い、念の為検索し解説しようと思ったのだが、皆さんに教えようとしていたはずの自分が学ぶことになり自分自身の無知さを恥じた。日本の業界で作られた言葉だったとは。言ってしまえば「シースー」と同じ。

業界用語の話がしたかったのではない。クランクアップしたのだ。毎作品で必ずあるこのクランクアップ。初めの頃は、一〜三ヵ月間ほぼ毎日朝から夜遅くまで時間を共にし、ご飯も全く同じものを食べている人達と会えなくなる寂しさがあったのだが、いつからかその感情が湧かなくなっていた。業界にいる人の数は多いように思うが、その世界に入ってみると案外少なく、キャストもスタッフも別の作品などで再び現場で会える確率が高いことに気づいたからだ。沢山の作品に出れば出るほどその機会は多くなる。最近では誰一人として知り合いのいない現場の方が珍しくなってきた。クランクアップの際には一言求められるのだが、大体言うことは「また別の現場で会いましょう！」、これ一択。業界にいる方ならきっと、みんな言うよねと納得だろう。私がここ最近参加していた現場はみんな慣れたようにクランクアップしていく現場ばかりだった。

しかし『ナンバＭＧ５』は違っていた。仲良しヤンキー男三人組（分からない人は調べてほしい）が熱い抱擁を交わし、三者三様のちょっと長めのスピーチをしたのだ。そして顔をクシャッとさせながら、顔に傷（メイク）を作った主演が涙を流したのだ。そこまでの熱量で取り組んでいた証だろう。彼の言葉を聞いていると、スタッフやキャストそれぞれを本気で想って発しているのだろうと感じ取れ、いかに彼がこの現場を愛していたのかが伝わってきた。その言葉と姿を受け止めているうちに自然と涙が溢れた。台本のト書きに「ポロポロと涙がこぼれ落ちる」と書かれていることがたまにあるが、これこそ脚本家の思い描く「ポロポロと涙がこぼれ落ちる」なのだとそんな時でも心の中で思ってしまったのは職業病かもしれない。あんなに熱いクランクアップを見たのはいつぶりだろう。クランクアップに対していつの間にか抱かなくなってしまっていた感情を久々に思い出すことができた。

その感情が湧くのと同時に思い出したクランクアップがある。京都で撮っていた時代劇でのことだ。その日のうちに東京に戻らなくてはならなかったので、新幹線の時間も迫る慌ただしいクランクアップだった。私と他数名は一緒にアップだったが、主演の男の子だけはまだ撮影が残っており、一人だけ京都に残らなくてはならなかった。メイクを落とし着替え、京都駅まで乗せてくれる車に荷物を積み込む。そして東京へ帰る人がみんな車に乗った時、その主演の男の子がわざわざ見送りに来てくれた。時代劇の撮影は通常の洋服や靴を身につけての撮影と違い、普段着なれない着物や草履を身につけて行うのでより過酷になるケースが多い。そんな過酷な撮影を一緒に乗り越えたのに、あまりにあっけない終わりだったせいか彼は「こんなにサラッと終わりなの」と言った。その時は既に車に乗り込んでしまっていた上に、東京に帰らなくてはならなかったので何もできずただ「またね」と言った。あの時の彼の顔が鮮明に記憶に残っている。こんなに覚えている記憶はあまり無い。きっと心残りに感じているから未だに覚えているのだろう。

そんな彼とはまだ再会できていない。今、彼は元気にやっているだろうか。今もまだあの頃と変わらない感情でクランクアップを迎えているのだろうか。次会った時に沢山他の現場を経て私と同じようにクランクアップに感情が湧かなくなっていたら少し寂しいなと思いつつ、それもまた成長か、と考える。

クランクアップは人との別れでもあるが、その次への始まりでもある。終わりがなければ始まりは来ない。別れるから、再会できる。ずっと同じことを繰り返すよりも新しい経験を積む方が私の性には合っている。一つをとことん突き詰めるのもかっこいいが、私は広く自分のできることを追求したい。沢山できることがあるのは飽き性が故の長所。またきっとどこかでみんなと会う時、それがどんな形でもいいから成長したねと言ってもらえるようにクランクアップし、また始める。

12

持つ者

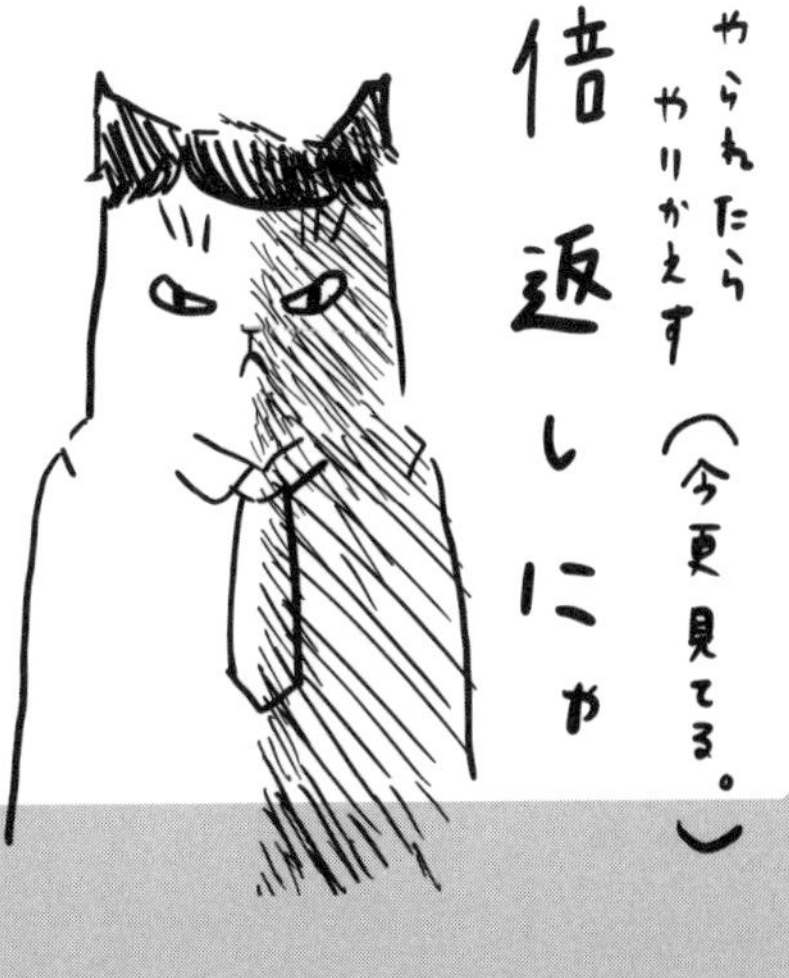
やられたら
やりかえす
倍返しにゃ
（今更見てる。）

なんだかなぁ。強く政治に興味があるわけではないし、社会派みたいに思われたいわけでもない。詳しく政党について知っているわけでもないし、ニュースを見て何が行われているか日々チェックしているわけでもない。でもね、そんな私でも投票に行ってきたよ。どこが良くてどこがダメとか、そんなことを話したいわけではない。これから先、何十年も私は日本に住み続けたいと思っている。だから投票に行ってきた。ただそれだけだ。海外に移住したい気持ちもあるけれど、そんなの今すぐではなくてもう何十年か経ってからで良い。この先何年経っても、幸せに生きていける国であってほしいのだ。私の母国、日本が安全に暮らせる国であり続けてほしい、そう願う。

現在、『太田光《おおたひかり》のつぶやき英語』という番組にレギュラー出演している。世界のSNSの呟きから英語を学び、世界のニュースも知ることが出来る一石二鳥の番組であり、人種差別問題やウクライナのこと、日本の芸人さんが海外進出をどう企てているかを教えてもらったり、英語が話せない人向けの講座があったりと、かなり幅広く取り上げている番組である。

先日、米独立記念日について番組内で取り上げた。SNSに上がった動画を見ていくと、コロナ禍とは思えぬ光景。皆がマスクを外し、大勢で集まり、音楽を流し、踊り、歌を歌い祝う。こんな日常が戻ってくることを願っていた私としては、その動画を見た時に、とても喜ばしい気持ちになった。しかしその喜びも束の間。独立記念日パレードを狙った銃乱射事件が起きたことも取り上げられた。その動画にはお祝いムードから一転、悲鳴をあげ、走り逃げていく人々の姿が記録されていた。

現在アメリカでは銃規制が強化されている。約三十年ぶりの規制強化だという。私たち銃を持たない日本人からしてみれば、銃を所有することすら規制した方が良いのではと考えるが、「強盗に入られた時にどうやって身を守るのだ」と、銃を所有することで、身の危険を回避することが出来ると考える人も多いようだ。ウクライナでの戦争を取り上げた際にも、「皆が武器を捨てれば戦わなくて済む。そうはいかないのか」とコメントしたが、今回のアメリカの銃規制に対しても同じように考えた。一人が持つから皆が怖くて自衛のために武器を持つ。では法律で誰も銃を持ってはいけませんとすれば、銃を使った犯罪、死亡者数は減るのではと。しかし持ってしまった武器を手放すことは、簡単なことではないようだった。そのニュースを取り上げ、日本に生まれ、武器を持たないという環境に育ったことに感謝した。勿論他の国から攻められた時、国を守れなくてどうする、という考えもあると思うが、私は武器を持たないことによる平和の方を尊重したい。

そんなことを思っていた矢先、日本で銃撃事件が起きた。目を疑った。日本では地震などの災害のための避難訓練は子供の頃から行われてきたので、どう行動したら良いかなど、ある程度身についている。しかし銃撃が起きた時にどういった行動を取れば良いのか、そういった訓練は一度も受けたことがない。今回の銃撃事件の動画はSNSやテレビのニュースで何度も目にした。嫌になるほど。その動画を見ていると、先日取り上げたアメリカでの銃乱射事件とは全く雰囲気が違っていた。皆がその場に留まり、その現場を呆然と眺めているのだ。もしかしたらその場に居た人たちはこれが銃による攻撃とは気付いていなかったのかもしれない。けれどもこれがアメリカの事件のように何十発も撃てるライフルのような物だとした場合にはどうなっていただろうか。

平和であることが当たり前で、ずっと続いていくものだと思っていたし、そうあってほしいという気持ちは変わらない。しかし今回の事件を経て、もう少し身の危険を感じた際の対処法などを学んでおくべきなのかもしれないと感じた。反面、避難訓練に「銃を持った人に襲われたら」という項目が増え、子供の頃から毎年訓練をするような国にはなってほしくないとも思う。冒頭にも書いた通り国民皆が幸せに、身の危険を少しでも感じずに生活していける国になってほしい。

今、私は武器を持たずとも身の危険を感じず、大きな声で幸せに暮らしていますと言える。私たちの一番の武器は言葉である。考え、発し、導く。こんなにも強い武器を私たちは皆当たり前のように身につけている。私たちが自由でいられるように。この一番強い武器である言葉を自由に使い続けられるように。願いを込めて。

13

レモンチェッロ

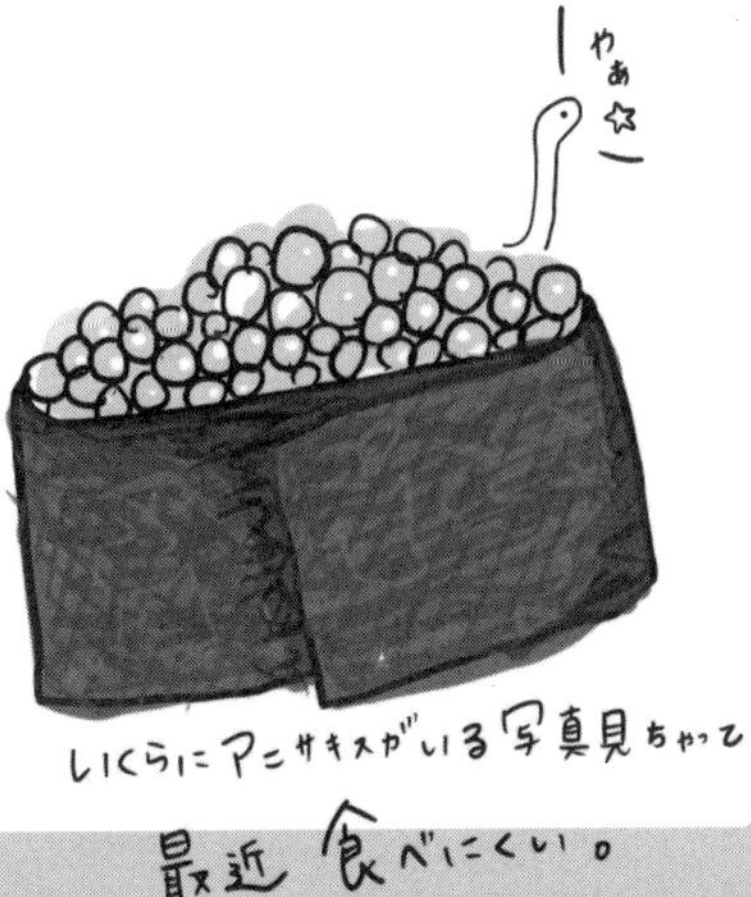
やあ☆
いくらにアニサキスがいる写真見ちゃって
最近食べにくい。

白砂糖ってどんな匂いか聞かれてもみんな答えられないように、白砂糖には特有の匂いがないから好き。香水もつけないほうが好き。体臭とはどんな匂いなのか、自分の匂いはわからないけれど、自分のありのままの匂いが好き。

海外旅行へ行った時にデパートへ入ると香水を売るお姉さんに捕まって、ＧＩＶＥＮＣＨＹのランテルディの匂いを嗅がされた。海外にいて気分が上がっていたせいか、これも思い出かと思い、安くない香水を海外で初めて買った。今もその香水は残っている。匂いを嗅げば旅行のことを思い出す。赤い花の植えられたプランターが置いてあるベランダのついた部屋で、そこから外をぼーっと眺めた時間を鮮明に覚えている。青空に少しだけ雲が浮いている晴れた日だったが、部屋は直接日が差し込まない位置だったので少し暗かった。それ以外にも色々と思い出すことがある。

夜、ホテルから少し歩いたところにあるレストランへ出かけた。他の客は家族で沢山の料理をシェアしながら食べていたが、私は一人旅行でシェアする相手がいなかったので一品だけ頼んだ。そのお店で一番美味しいと聞いていたロブスターのクリームパスタを注文した。シェアするくらい分量があったせいか、私の胃袋の大きさの問題かどうかはわからないが、パスタ一品でもかなりお腹いっぱいになった。書いていて思ったが、苦手な食べ物はなんですかと聞かれたら、まず初めに「えび」と答えるが、そのえびをメインとしたパスタをなぜわざわざ食べに行くことにしたのだろう。自分の選択に記憶がない。が、美味しかったのはたしかだ。

テーブルごとに担当がつくシステムのお店だったのか（海外は大体そう？）私のテーブルには綺麗な青い目をした男性がついてくれていた。周りを見渡しても皆家族や友人と来ていて一人で来ている客は私以外におらず、可哀想に見えていたのか、彼は一品しか頼んでいない私の席に何度も来ては会話をしてくれた。会話といっても私の英語は中学生レベルも怪しく簡単な単語でしか話せなかったのだが、それでもなんとか会話した。そしてなぜかサービスでレモンチェッロを出し続けてくれた。頼んでいないのに。アルコール度数約30%（物によって多少違うと思うので約と書いておく）を何かよくわからないまま、甘いジュースくらいの気持ちで飲み続けた。飲み干せばお兄さんが笑顔でまた出してくれる。あの日、どうやってホテルまで帰ったのだろうか、記憶がなくなるほど酔っ払った。甘いものは好きなので、パスタを食べ終わった後もデザートと共に飲み続けていたような記憶は少しある。

ランテルディの香りを嗅ぐと色々なことを思い出す。その旅行先はイタリアだったのだが、出会った人皆が優しかった。初めて会ったのに、日本人が好きというだけで家に招いてご飯を振る舞ってくれた人もいた。ピアスまでプレゼントしてくれた。ベネチアングラスでできたもので、白ベースにクリーム色の模様が入っている小さな丸いピアスだった。懐かしい。

その人は池袋にある鰻屋が大好きで、そこのお店のTシャツを持ってますと、漢字で「鰻」と書かれたTシャツを自慢してくれた。

匂いの話からここまで広げてしまった。何が言いたいかというと特に何もオチとか考えていない。普段は匂いがないほうが好きだけれども、思い出には匂いが付いているのもありだと思ったのである。よく小説や歌詞にあるタバコの香りとか、その香水の匂いを嗅ぐとあなたを思い出してしまうという類のものだ。私にとって印象的な香りは、やはりランテルディであった。普段友達と遊んだ場所も食べた物も、「またあそこ行きたいね」とか「ここ来たの、覚えてる？」とか言われても、大抵は忘れて困っているが、あの旅行のことはこんなにも詳細に記憶している。香りとともに記憶に残す。匂いとともに思い出す。これが、香りを好きになる理由なのだろうか。

洗濯物の匂い。猫のお腹の匂い。整体に行くといつも呼吸が浅いので深く息をすることを忘れないでくださいと言われる。息をする、ではなくて香りと共に思い出を残す。こんなふうに考えれば、頑張って呼吸をするだけではなくて、懐かしいと思える記憶を作れるかもしれない。ただ深呼吸をしていたら忘れていたあの記憶を突然思い出す。そんな人生もいいじゃないか。

14

未熟

サウナデビューしてみた。興味は全くなかったけれど、なぜこんなにも世の中でサウナがブームになっているのか？　もし否定をするにしてもまず経験してよく知ってから。経験したことがないのに否定するのは何事に対しても失礼と考えるので、サウナ好きの友達に一緒に連れて行ってもらった。フロントで靴を脱ぎ、鍵付きのシューズロッカーに靴をしまい、受付の人へ鍵を渡す。支払いは後払いで、シューズロッカーの鍵と引き換えに番号の書かれた別の鍵を渡される。私が行ったのは日曜の二十三時頃で、友達曰く遅い時間の方が空いているということだった。しかし日曜の夜にもかかわらず大変多くの客が受付に並んでいた。年齢層は様々。性別は圧倒的に男性が多いように見えた。受付が終わり、中へ入ろうとすると、サウナグッズが目に入った。サウナの定番グッズとして名前をよく耳にする「サウナハット」やその銭湯のアイコンであるラッコの絵柄のＴシャツ、ガチャガチャやポーチのようなものまで販売され、そのグッズの種類の多さからもブームが感じとれた。

グッズコーナーを過ぎると、男湯と女湯の暖簾のかかった別々の入り口がある。暖簾をくぐれば、ずらっとロッカーの並んだ更衣室が現れる。ロッカーには番号がついていて先ほど受け取った鍵に書かれた番号と照らし合わせ自分のロッカーを見つける。荷物を入れ服を脱ぎ、風呂に向かう。フェイスタオルと飲み水を持って風呂場へ入り、中に物を置ける台があるので、そこに水を置いた。このままサウナに入るのかと思っていたら、まずは体を洗うという。どうやら綺麗にしてから入らなくてはならないらしい。髪と体を洗い（以前ボディソープは使わないと書いたがこの時は使用した）ようやくサウナへ向かう。風呂場から外へ出られる扉を開けると、露天風呂と水風呂（十五度と書かれていた）が見えた。水風呂につかるという拷問を考えると、温浴だけ済ませて帰りたくなったが、ここで帰ってしまっては、サウナを否定することはできないと思い心を決めてサウナへ向かった。今度はサウナの中で敷くマットのようなものを洗う。サウナに入るまでの手順が多い。

そしてついにサウナの扉を開けると、中から信じられない熱さの風がむわっと出てきた。中にはテレビと幅広の座れるスペースがあり、三段にもなっている。客はすでに三人、私と友達が入り計五人になっても隣との距離は余裕で取れるほどの広さがあった。受付にいた人数の割には空いているなという印象。マットを敷いて耐えてみようとするが、熱すぎて呼吸ができない。友達は慣れればできるようになると言うが、喉が痛い。辛そうにしていると友達が頭からタオルをかぶって口元に当ててみると楽かもと教えてくれた。実践してみるとかなり楽になったが、少し耐えてみたところで、四分もたたないうちに限界がきてサウナ室を出た。目の前には水風呂。とうとう私にもこの日が来たか、と水風呂に入る覚悟を決めたところで、シャワーで汗を流さなければならないという。汗をかいてそのまま水風呂に入るのが気持ちいいのではとサウナ初心者の私は思ったが、これもサウナ一連の儀式のようだ。これだけのルールを皆どうやって覚えるのだろう。サウナ、奥深い。そして水風呂へ入る。この拷問の何が気持ちいいのか。無理だ、私には理解ができない。

俳優、芸人、スタイリスト、周りにいる多くの人間がサウナにハマり、私にすすめてきたが、経験を経て、この場を借りて言おう。体を丸焼きにされているかと錯覚するほどの灼熱から、急激に冷やされる拷問のような水風呂。そして誰も教えてくれない数々のサウナルール。「こんなの二度と行きません！」と、言いたかったのだが、その日はぐっすり眠れ、翌日は頭が冴え気持ちよく仕事ができ、そしてまさか、あの拷問をまた欲してしまったとは。なんということだ。これが皆がサウナをすすめる理由か。皆が言う「ととのう」はまだ実感がないけれど、繰り返すことができるようになればいつかその境地に至るのだろうか。その究極の状態を追い求めてサウナへ行ってしまいそうだ。

否定する前になんでも経験してみる、この考えにより人生の楽しみが少しだけ増えた。大人になってから新しいことにチャレンジしてみるのはちょっぴり怖いし不安なこともあるけれど、今の少しの不安も、十年後の私が、あの時一歩踏み出してくれてありがとうと思うかもしれないと考えたら、何も怖くない。私はまだまだだ。

15

思い浮かばない

今私はデリバリーアプリを携帯で開いて見ている。仕事を終え自宅へ帰ってきて、只今の時刻十九時半。お腹が空いた。でも何が食べたいかわからない。いつもならばお腹が空く前に食べたいものが頭に浮かんでそれを食べるのだが、お腹が空いている今日に限って食べたいものが思い浮かばない。

ここ最近は「ビビン冷麺」がお気に入りで三日連続で食べる日もあった。そのくらいハマっている。色々なお店のビビン冷麺を食べ比べるのが好きで、お店にあればほぼ毎回頼むのでかなりビビン冷麺については詳しいかと思う。ビビン冷麺と一口に言っても、お店によって使っている麺が盛岡冷麺のタイプと、本場といわれる韓国冷麺のタイプの大体二つに分かれる。この二つ、素材がそもそも違うようで、前者の盛岡冷麺は小麦粉ベースで作られているそうだ。見た目は半透明で、細くしたところてんのような涼しげな見た目の麺だが、いざ食べてみると歯応えがしっかりしていて、噛めば歯が弾んで返ってくるような弾力のあるもっちり麺になっている。後者の韓国冷麺はなんと蕎麦粉ベースとなっているそうで、そのせいか、見た目はグレーか、見る人によっては黒と言うほど食べ物としては少し不気味な色をしている。太さはかなり細く作られていて、そうめんと張り合えるくらいの細さではないか。蕎麦粉ベースで細いと言われると盛岡冷麺とは違いあまり歯応えはないのかと思うかもしれないが、これが摩訶不思議。これまで食べてきた麺の中でも上位を争う程歯応えがしっかりとしているのだ。初めて食べた時に私は虜になった。子供やご年配の方に食べさせるのは少し不安だなと考えてしまうくらい嚙むのが大変だ。この食感をなんと例えたら良いのか……。上手く伝えられる言葉が見つからない。タイヤをそうめんくらい細くして食べられるようにしたものというのが私の中で近いのだが、これでは韓国冷麺を食べたいと思ってもらえない。食レポスキルが低すぎて申し訳ない。が話をこのまま進めよう。

　この二つ、ともに個性的な麺で私はどちらも好きなのだが、特に私が最近ハマっているのが、タイヤと説明してしまった「韓国冷麺」の方だ。私は冷麺にハマっているわけではない。「ビビン冷麺」にハマっているのだ。このビビン冷麺は、コチュジャンに酢、醤油、ごま油と砂糖を混ぜたタレを麺に絡めて食べる汁なしの混ぜ麺なのだが、このタレが、辛いのに甘くて酸っぱいという味覚全てを一つにまとめてしまったような、究極のタレなのだ。このタレをモチモチの麺に絡ませて食べるのだが、この時の麺が盛岡冷麺よりも韓国冷麺のほうが、その細い一本一本にしっかりとタレが絡み、箸で器から持ち上げてみても、タレが滴ることなく、ぎゅっと麺に絡み付いて持ち上がってくれるのだ。そのタレがしっかりと絡み付いた麺を口に入れ、ぎゅっとした麺の食感を楽しんでいると絡み付いたタレがまるで麺から滲み出ているかのような錯覚に陥る瞬間がある。これは韓国冷麺で作られた「ビビン冷麺」だからこそ味わえるのだ。

興奮してかなり長くビビン冷麺のことを書いてしまったが、本題はそこではない。「今、私は、何が、食べたいのか」、これこそが今回のエッセイの本題である。こんなにも長々とビビン冷麺について書いたが、全く今日は食べたくならない。いつもなら思い出せば食べたくなるくらい好きなのに。人って本当に自分勝手である。きっとここまで長く引きずられたビビン冷麺本人（本麺？）は「今日も私の出番ね。いつでも頼んでくれたら食べられにいくわよ！」と意気込んでいたであろうが、どうもこちらの気が乗らない。人間世界も同じかもしれない。期待だけさせられて出番がないことはよくある。「また何かあったらよろしくお願いします」と言われても滅多に声が掛かることはない。その「また何か」に期待して良いことなんてほとんどないので、あまり人に期待はしない。そんな好意的な態度をわざわざ取らないでよ、なんて人に対して思うこともあるけど、ビビン冷麺に私が思わせぶりな態度を取ったように、その人たちも悪気は無いし、本当に私に好意を持ってくれているということで良いのだろうか。私はビビン冷麺に本気で好意を抱いて、本当に素晴らしいものだと思っているから今回こうして長くビビン冷麺のことを書いた。でもタイミングが悪かった。大好きで、いつでも食べたい、そばにいてほしい。そう思っていたけれど今日じゃないんだ。……そういうことか。タイミングが合わなかったという話も仕事の中でよくある。本当にタイミングが合わないこともあるのか。あれは大体思わせぶりな発言と捉えていたが、そうでもないのか。

と頑張って書いてみたもののお腹が空いて上手く書けないのでまた来月頑張ります。何食べよ~。

16

所詮なまけもの

大阪公演で新幹線のゴミ箱にチケットを捨て、大迷惑をかけました。
2度としません。
ごめんなさい。。
最近忘れ物多い…。
きをつけます

みなさんは日々、頑張っていることはあるだろうか？

勉強でも、仕事でも、趣味でもなんでもいい。何かに打ち込んでいる生活をしているだろうか？

私は現在、日々奮闘している。苦手な舞台に取り組んでいるからだ。苦手と簡単に書いてしまったが、他の仕事では味わうことのない、心臓が震えて、頭と体がバラバラに勝手に動き、自分自身のコントロールができなくなる、この恐怖と向かい合わなくてはいけないという意味を含んでいる。それが私にとっての舞台なのだ。お芝居に関しては、映画でもドラマでもしているので苦手意識はないのだが、どうも舞台上に立ちお客さんを前にしながら芝居をするという行為がなかなか体に馴染まず、ずっと苦手意識を克服することができない。今回で四回目の舞台であるというのに、初めてやるような気持ちで臨んでいる。

頭と体がバラバラに動くという表現をしたが、詳しく書くと、その役に入り込み、体はお客さんに見せるよう演じつつ、頭で他の役者のセリフを聞き、セリフを返す準備もしているが、それとはまた別に自分の脳があり、他のことが思い浮かんできてしまうのだ。集中しきれていないと言われればそれまでだが、集中していないわけでもない。私が舞台という仕事において未熟なことは十分承知しているので、他の仕事で使い切るエネルギーの倍以上のエネルギーを使い集中し、その世界の中へ入り込もうと意識する。毎日同じことを繰り返すので、新鮮な気持ちを忘れずに。私にできることを毎公演、出し切ろうと思いながらトライしている。でもダメなのだ。元々二つのことを同時進行で行うタイプの人間で、普段の生活においてはかなり優秀な才能だと思っていたのだが、これが舞台では裏目に出ることになってしまった。

公演が続くと自分の制御ができなくなり、稽古中は取れていた芝居のリズムが取れなくなったり、毎日言っていたセリフを突然言いたくなくなってしまったりする。何がきっかけかは分からない。なぜこの動きをしてこのセリフを言っていたのか、整理をつけられなくなってしまうのだ。日々恐怖と向き合い続けると人間は壊れていくものなのかもしれない。そんな恐怖を舞台にでる度に感じながら、なんとかここまでやってきた。もちろん舞台上に立ちながら壊れていくだけではない。公演が終わって家に帰ってからは脳と体が壊れているだけではなく、心までも壊れているのか、ドボドボと涙が溢れる日が続くのだ。初めて舞台に挑戦した頃からこれは変わらない。これまで立った舞台全てで、そんなことがあった。人間として生きていて、脳と体と心が分裂するのは舞台にでている時だけだ。脳、体、心、この三つそれぞれが別の場所へ旅に出掛けてしまって、目的地も分からないのにそれぞれが歩みを止めないので「私が私の中で」バラバラになっていく。それらに指示を出せる私など既にどこにも存在しないので、舞台が終わるまでずっとそれぞれの方向へ歩み、分裂していく。何かもう一つ器官があれば、私の中の分裂を止められるのかもしれないが、もう臓器しか残っていない。それらは元々勝手に動いているので、私がどうなろうと知ったこっちゃないとばかりに動き続けている。

それでも私が舞台に出演するのは何故なのか。こんな恐怖を味わうことなど他ではないからだ。他の仕事は楽しく、時に頑張らなくてはならないこともあるが、それは私の中の100%で済む。でも舞台は違う。うまく機能しない脳と体と心に紐を括り付けて、まるでそれら全てが繋がっているように見せることが奇妙で面白いのだ。それは操り人形のようである。舞台をこなすうちに、自分の新しい器官を作り上げていた。外から私を操る神的ポジションである。このことに気が付けたのは大きな前進かもしれない。これを求めて舞台を続けていたのだ。恐怖に打ち勝った時に、何か見えてくるものがあるかもしれない。そう考え苦しい思いをしながらも続けてきた。その先にたどり着いた一つの答えは、打ち勝って見えてきたものではなく、その恐怖に打ちのめされた時に見えたものだった。もともと考えていたより、ネガティブな結果から生まれてきたものだが、とても役に立ちそうな気がする。私が私ではなくなり、全てを空にした状態で、私という箱を使う。これまでの演技にはない新しい形かもしれない。私が私という脳、体、心、これらを捨てられたら新しい存在をその箱の中に納めることができる。今後はそんな芝居の仕方の開拓もありかもしれない。

頑張ることは苦痛だけれどもその先に何かがあるかもしれない。そう考えていた自分は間違っていなかったと思うけれども、脳と体と心が繋がっている状態の時は正直こう思う。「人間、頑張りすぎなくていいんじゃない？」

17

ARE YOU READY?

「今日より若い日は来ない」

先日ネットサーフィンをしていた際に見かけた言葉だ。その通りだと感銘を受けた。ネットで見かけた言葉でどんな有名人が発したわけでもない言葉に感銘を受けるとは、自分でもこれぞZ世代と感じている。

誕生日が訪れ年齢を重ねる度に、これ以上明るい未来に向かっていくわけではない。最近の体力のなさも踏まえ、とうとう老いへと足を進める年齢になってきたかと「老い」のことばかり考えていた。今の自分に「若さ」を感じなくなっていたのだ。しかしこの言葉を見た時に本当の若さよりも何か強く自分の人生を動かしていける力を感じた。

十代、二十代前半は失敗してもいいから色々と取り組んでおけば良かったし、もっと勉強しておくべきだった。もし私が大学に通えていたならなどと考えていたが、これはきっと私が三十代に突入した時にも同じように考えるだろう。「二十代後半、私は老いへ突入し始めたと人生を悲観するのではなく、まだ若いとできることに取り組んでいたら」と後悔する。きっとこれは私だけでなく今このエッセイを読んでくださっている、どんな職業でも年齢でも性別でも全ての方に当てはまるはずだ。幾つになっても「あの頃はまだ若かった。チャレンジしておくべきだった」と何度も繰り返すであろう。しかし私は気付けたのだ。明日の私より今日の私はまだ若い。そう考えながら、これからの人生を積み重ねていくのは幸せかもしれない。これまで働いて稼いできた資金をもとに、歳も十分に重ね、若いからと大人から舐められることもなく、自由にそして多少我儘に私の求める人生の歩み方ができるのだ。

そこで考える。「私の求める人生の歩み方」とはなんだろうか。詳細に人生について考えたことはなかった。お金のなかった二十代前半までは、お金持ちと結婚し、養ってもらいつつ、依存しすぎない程度に自分でも稼ぎ、子供を産み育て、可愛い子供たちを育て終わった後は窓際でヨーロッパ圏の家にありそうな、ゆらゆらと揺れる椅子に座りながら猫を膝にのせて編み物をするというのが私の歩みたい人生だった。ざっくりといえば、相手に依存した人生を送っていくことが目標だった。しかし現代では男性が結婚して女性を養っていくこと自体メジャーではないのかもしれない。家のローンは相手に払ってもらいたいなどと口にしてはならないのだろうか。すみません。男女平等とか都合よく使っているタイプです。

　話を戻しますが、今の私は少し違う。私の人生に必要な費用は自分で稼げているので結婚する理由がなくなってしまったのだ。結婚の理由が愛ではなくお金なのは、子供時代に家にあまりお金がなく、心がひもじくなる生活を送ってきた経験から生まれた考えなのであまり批判しないでほしい。今、私は改めて自分の人生の歩み方を考え直す時に直面している。女性としては子供を産んでおきたい気持ちもあるが、ようやく楽しくなってきた仕事を辞めたくない気持ちもある。辞める必要はないと言う方もいると思うが、やはりこれは動物的な宿命として、女性として生まれてしまったからには、これまで通りいかない部分も多いであろう。最近よく耳にするワードといえば「卵子凍結」である。目を背けず考えていかなくてはならない。若いうちに凍結しておいた方が良いと聞く。これにも冒頭に書いた言葉が当てはまってくる。一日でも早いに越したことはないだろう。やりたいことと言えば、芸能だけではなく、他の仕事をしてみたいという気持ちも否定し切れない。こんなにも魅力的な仕事を捨てる気はないが、あまりに世間知らずすぎる。では子供が生まれ育った時に私はなんと助言できるだろうか。果たしてまともに子供を育て上げることができるだろうか。そんな不安が過ぎる。これも実は誰にでも当てはまることなのだろうか。もっと人生の経験を積んでからでないと、子供を育てるには不安が多すぎる。とはいえ、出産リスクを考えると適齢期も無視はできない。そう考えるほどもっと詳細に人生の歩み方を決めていく必要がある。

「今日より若い日は来ない」日々これを念頭に置きながら、全ての行動に移していくことができたら良い。毎年抱負を聞かれるが、これからの人生はずっと同じ抱負で良い。今日できることを、目の前にあるやりたいことを、それが仕事でも遊びでも、ただ寝るだけでもそれを理解した上で日々を送っていきたい。今の私にできることは多い。さて何をしようか。

18

しょうもない話

とんでもない金額のブレスレットを
手に入れた。レベルが1上がった。

悩んでいる。眉毛の形について。しょうもない悩みですみません。しかし私にとってはとても大きな悩みなのだ。

子供の頃友達に眉毛を見せてと言われ、前髪を持ち上げ見せると笑われた。なぜ笑っていたのか理由は教えてくれなかったが、好意的ではない、蔑むような笑いだったことを覚えている。それ以来私の眉毛は笑われるような、おかしな眉毛であると自覚するようになった。兄からも、もう少しで真ん中がくっついて、両津勘吉《りょうつかんきち》みたいになりそうだよと言われていた。傷つきはしなかったが、普通ではないと感じていた。その後、雑誌モデルになってからも眉毛の整え方特集に必ず呼ばれ、形を変えられる。嫌ではなかったが、キープすることが大変だった。形を細くし、短く切り整えられた眉毛が当時流行しており、私の生来の眉の形とは真逆だったため手入れが大変で自分ではうまくできず、伸びたり形が変わってしまうと怒られた。そんな眉毛の形を悩んでいる。

アートメイクというものがあるのをご存知だろうか。数年前に突如流行し、毎日眉毛にメイクをしなくて良いので日々のメイクが楽になると話題になった。私の周りにも眉ではないがアイラインを入れたと言っていた人がいた。このアートメイクだが、専用の針を使用し皮膚の浅い層に色素で線を描き入れるというタトゥーのような仕組みになっている。当時は楽だと言われたが、人気のメイク方法は時代とともに変わりゆくので、入れてしまったことを後悔している人も多いと聞く。一度やってみたいと検討したものの、撮影の度にメイクさんによって全く違うメイクが施されるのでそれを考慮すると私には向いてないことがわかった。

最近の私の眉毛は少し細めだ。元が太く濃い眉毛のおかげで、如何様《いかよう》にも変えられるのでさらに悩んでいる。これまでには眉を全く手入れせずそのまま伸ばしとても太くしてみたり、長い眉毛を短く切り揃えてみたり、眉頭を細くしてみたり、眉山をなくしてみたり、眉尻を上げてみたり、ちょっと下げてみたり。ほぼ全てできる眉の形はやってみた。結果わかったのは眉が濃く太いと少し幼くなり、顔全体が丸く柔らかい印象になる。そして雑誌系のメイクさんには大変受けが良い。ニュアンスおしゃれ顔になれる。反対に細く、少し間引いて薄めになるように眉を作ると、顔全体が少しシャープに見えて、鼻に目がいくようになる。洗練された大人という印象がつき、一般的にみんなに愛される平均顔に近づくことができる。どちらもやってみたが、ニュアンスおしゃれ眉も、一般平均愛され眉もどちらもよく顔に馴染み、また悩んでしまったのだ。私の好みがどちらかに傾いていれば、決められたことだと思うが、どちらも好きだから悩んでしまう。そう悩んでいるうちに雑誌の表紙の女優さんの眉毛や、友達の眉毛、インスタグラムに突如出てきた名前も知らぬ可愛い子の眉毛を観察する癖がついてしまった。ちなみに今の私のブームは今田美桜《いまだみお》ちゃんの眉毛である。かなり太めで、眉山がとても高くて、色素が薄く、眉一本一本が細く柔らかそうな毛をしているので、バランスが取れ、太いのに洗練された雰囲気を醸し出す百二十点いや、もっと高得点をつけたいほどの眉毛をしているのだ。大変美しい眉毛なので皆さんも注目してみてほしい。

眉毛と向き合うこと。皆さんはご自分の眉毛とどう向き合っているだろうか。男性の方も髭や体の毛を脱毛したりと、美容に気を遣い、ケアしている方が多い印象を受ける。男性の整えられた眉毛はとても良い、しかし無法地帯な眉毛もまた良い。ここで初めての発表となるが、実は毛を抜くことも大好きだ。昔ストレスが溜まると眉毛を指で抜いてしまうという癖があり、その名残かもしれない。快感であるし、眉毛のケアをしている時間が好きだ。眉毛はとても繊細で、たった一本抜くだけで形と印象が全く変わってしまう。眉の上側は基本あまり触らないし、下側の目に近い側を抜く時にはとても気を遣う。たった一本抜いてしまったせいで、釣り上がって見えたり、穴が空いているように見えてしまう。そんな繊細でありながら、人間の毛の中で特に濃い毛を丁寧にケアしているときにしか味わえない快感があるのだ。

毛は抜き続けると毛根が死んでしまい生えて来なくなると噂で聞いたことがあるが、私の眉毛の毛根は大変しぶとい。いくら抜いてもなぜそんなところから、そんなに太く濃い眉毛が生えてくるのかということが起き続けるので、ありがたくこれからも抜き続けようと思う。悩みでありながら、快楽を与えてくれる存在。それが私の眉毛である。

19

コバエをも受け入れる寛大な心

我が家のリビングの窓には遮光カーテンがついていない。天気の良い日には起きてリビングへ向かうとすでに太陽の光が差し込んでいて、暖かな空気が部屋を包み込んでいる。差し込んだ光の先には大体、飼っている二匹の猫のうちどちらかが寝転んでおり、のびのびとお腹を見せつけている。飼い猫特有の無防備さだ。こちらが起きてきたことに気がつくと、ころりと寝返りをうち私の顔を見て「にゃあ」と鳴く。一匹目に飼ったお兄ちゃん猫は昔からよく鳴き、何かを訴えてくるのが当たり前。二匹目に飼った妹猫はあまり鳴かない子だった。しかし最近妹猫まで何かを訴えるかのように小さな声で「やっ」と鳴くようになった。あまりこれまで鳴いてこなかったせいか鳴き方が下手くそで、普通の猫のような鳴き声ではなく、まるで人間が忘れ物に気づき独り言で「あっ」と言ってしまった時のような音である。そんな我が家の兄妹猫がそれぞれ違う鳴き方と声で起きたての私にむかって「おはよう」と言っているのか、はたまた「はよ飯だせや」とでも言っているのか真相はわからないが、何かを話しかけてくる。そんな平和な朝が大好きだ。

我が家は角部屋なので窓が部屋の二面についている。南側と西側にある窓を開けると気持ち良い風がすぅっと吹き抜ける。そこで気がつくのは以前までなら「うっ」と体が縮こまるような冷たい風だったのが、いつのまにか心地よい爽やかな風になっていることだ。とはいえさすがに部屋着一枚だけでは寒い。パーカーをはおりソファに座っているが、ほんの数日前までの暖房をつけていた日々に比べると窓を開けたまま過ごせるなんて、よっぽど暖かい。テレビを見ながら携帯を触っていると、いつのまにか窓を開けてから一、二時間ほど経っていた。朝起きて感じた暖かな空気はほぼなくなり、少しひんやりとする。窓を閉めようとソファから起き上がると、部屋の中で自由に飛び回っている、手で叩き潰せるほど小さなコバエの存在が目に入った。どこから侵入したかわからないが、きっと猫の爪が引っかかり一部少しだけ穴のサイズが大きくなってしまっている網戸からであろう。春の目覚めと共に虫たちも目覚め、私に本格的に春がやってきたことを知らせた。

　もっと早く春の訪れに気づくことはできたかもしれない。外を歩けば皆すでにアウターはダウンのようなものから、薄手のものになり、アウターを着ていない人すらいる。先日、観光を楽しんでいるのであろう外国人がタンクトップ一枚でドライブしている姿も見かけた。ショッピングをしに久々に外出をした日には、偶然学校の前を通りかかると卒業式だったのか、胸にピンクのお花のブローチをつけ、手には花を持った学生たちが校庭に集まり、それぞれに旅立ちを祝い、別れをかみしめあっていた。ＳＮＳでは国際女性デーを称えミモザの花が咲き誇り、街を歩くと梅の花が咲いているのがあちこちで見られた。こんなにも多くの春の訪れのお知らせを見逃し、部屋への侵入を許したコバエによって気付かされるとは。不覚だった。

　春になると服を買いたくなる。毎年冬を乗り越え暖かくなってくると春に向いている服が増えていく。春に向いている服とは、長袖でありながら生地は薄く風が吹くとふわっとなびくようなものを私は指している。毎年同じような時期に同じような服ばかり買い求めるので、クローゼットの中には同じような服ばかりが増えていく。そんな服たちを毎年買えば買うほど、当たり前のように着ない服が増えていく。そんな着なくなった服を昔は勿体無いことに捨ててしまっていたが、今は違う。綺麗な状態のものはリサイクルに出すことにした。街のどこにでもあるような古着屋に持って行き買い取ってもらう。そうすることで、無駄なゴミを増やすことなく、私がもう着なくなったものがお金として返ってくる。そんな環境にも懐にも優しい循環を繰り返しているのだ。いまだ服を捨ててしまっている人はぜひトライしてみてほしい。ＳＤＧｓなんて言われてもわからないよ、という方にもオススメしやすい。素敵なお洋服たちを買い、私だけが着て、まだ着られる状態なのに捨ててしまうということに悲しいという感情を抱き始めた。それがきっかけで古着屋へ持っていくようになったのだが、その行動が、周りから「偉いね」と言われる行動にいつの間にか繋がっていたことがとても嬉しかった。

暖かくなってきて、虫や動物だけでなく私たち人間の行動力も高まっている春は、新しいチャレンジをしてみるチャンスかもしれない。最近私がトライしているのは、人の言葉に納得できなくても、どうにか解釈して、否定をせず受け入れてみること。なんだか自分が心の広い人間になったような気がして気持ちがいい。そうしているうちに、本当にそんな人間になれたら良い。

20

自信のない文章

どうしても言葉が浮かばない時がある。満たされている時だ。私の頭に言葉が浮かぶ時は何かに不満を抱えていて、どうも上手く足が前に運べないときである。そんな時に言葉を書き溜めておけば困らないものの、こうして文章を書かなければならない時、度々悩んでしまう。

不満を抱えながら生きるのは、なかなか大変な生き方だが私は嫌いではない。そんな時に閃いたものは、どうにか人生を改善しなくてはと、もがき絞り出した究極の案であることが大抵だからだ。他人から見れば順調な人生と捉えられるかもしれない私の人生だが、私からするとそんなに甘くはなかった。何度も立ち止まり、なぜこんなにも私の体は重く前に進まないのだろう、光が見えてこないのだろうと闇の中に閉じこもり動けない状態になったことは幾度もあった。しかしそんな時には順調に物事が進んでいる時よりも含蓄ある言葉を残していることが多い。

こうして書き始めてみると、実は今の状況に不満があるのではないかと自分の中に問いが浮かんでくる。そんな時にはいつも同じような夢を見る。ストーカーや殺人犯に追われ、一方的に相手から話しかけられていて、逃げ出したいのに足が重たくて前にまったく進めないという夢だ。必ず相手の顔も見えるのだが全く知らない、会ったこともない人の顔が出てくるので少々気味が悪い。寝ている間に無意識に見る妄想（私は勝手に夢を妄想としている）というのは不思議で興味深いので、夢占いを調べることも時々している。サイトによって内容は多少違うかもしれないが、私が検索し出てきたのは「追われる夢→精神的に追い込まれている」「足が重い→自信喪失」といった内容であった。まぁなんとなくそんな感じっぽいよな、という夢占いの答えだった。

自信喪失と夢占いには出ていたが、喪失したのではなく、元から自信はあまりない。学校では、勉強はそこそこ、体育の成績もそこそこ。何かで表彰されることもほとんどなく、クラスでの序列、カーストも中の中あたりだった私は自分に自信を持つきっかけなどなく、ほどほどに成長してきたからだ。現在放送されている（二〇二四年三月で放送終了）バラエティ番組「それって⁉実際どうなの課」の中で様々な世界の達人ですら習得に月日がかかったという技に挑戦するコーナーを私が担当しているのだが、そのコーナーの中で「できる！　私にはできる！」と毎回呟くシーンがある。これは自分に自信がないからこその発言であり、自信があればそんなことを呟かずとも成功させることができているだろう。そう口にして自分を鼓舞し、奮い立たせ暗示をかけているのだ。そうでもしないと自信のない私が内側から出てきて、無理だよ、お前には不可能だよと囁いてくるからだ。それくらい本当は自分に自信がない。

そんなふうに自信がないと言っている私だが、変なところでこだわりを発揮してしまうことがある。様々な仕事をする中でどうしても譲れない私と、譲ってしまえと楽な方を選ぼうとする私とが喧嘩をし始める。自分のことを客観的に見るとなぜそこで、というところで立ち止まってしまう。なぜなら自分がこれまで見てきたものの中から作り上げた、人にはなかなか理解してもらいがたい美学を持ってしまっているからだ。例えでいえばこのエッセイの左下には私が描いた絵が毎回掲載されるのだが毎回内容と少しずれた絵を描いている。少しどころか全く関係ない絵を描いている回もあっただろう。文章を書き始めるとつい真面目なことを言いたくなるのだが、そんな真面目な印象を抱かれるのは嫌で、まるで雲のように掴めそうで掴めない存在でありたいが故に、絵はゆるめな、なぜその絵なのというところを突くようにしている。こんな感じで自分の中の真面目さと、人からこう見られたいという自分の姿をうまく織り交ぜることによって丁度私らしい作品になるのだ。それが私にとっての美的バランスなのだ。だがしかし、この真面目さとゆるさの具合を間違えると、誰も理解のできない不可解な創作物になってしまうのでそこのバランスを調整しなくてはならないのだが、そのバランスは自分の中にしかなく人に任せられない部分が出てきてしまう。こだわりが強く責任感があると言えばとても良いことのように聞こえるが、自信のない私はみんなが「自分勝手なこだわり」と思っているだろうと勝手に傷つく。

結局何が言いたいか最後まで見つからなかったが私は自信がないからこそ、自信があるように見せていることを知ってもらいたかった。それだけ。みんなも自信を失いそうになったら自信があるように振る舞ってみてはいかがだろうか。きっと底から湧いてくる自信が見つかるはずだ。

21

みんな本音は気怠いはず

この時期は毎年やる気が出ない。カーテンを開けてもどんよりグレーな空。陽が差し込む日もあるが、窓を開けても部屋に入る風は生温く、気持ちの良い朝という感じはしない。開放感が欲しいと外に出てみても湿気のせいか肌にまとわりつく空気はじとりとしていて、気持ち良くない。そんな時期に働くのは気合いが必要になる。

とあるバラエティ番組に出演させてもらっているが、番組の共演者が「今日は眠くてあまりうまくできないかも」という発言をした。その方とは長く一緒に番組をやってきたがそんなことを言うような印象は全くない。むしろこれまでそういった少しネガティブと取れる発言は一度も聞いたことがなかった。その日は自分自身も、やる気が全く起きず、家から仕事場へ向かう途中もなぜこんなに気怠いのだろうと悩んでいた。収録が始まる前にご飯を食べ、気合いを入れ仕事と向き合おうとするのだがどうしても頭が重く、少し視界が悪いように感じていた。その共演者の方がはっきりと言ってくれたことで、それが自分のせいではないのだと気付くことができて少し気持ちが楽になった。

過去SNSに投稿したものを見返してみると、去年の私もこの時期はあまり元気そうではなかった。「夏か梅雨どっちかにして」という内容の文に自撮りをした写真を載せていたが、その写真は見るからにやる気がなく、今の私と完全に同じ状態だった。今年も去年も変わらない状態ということはきっと、一昨年もさらにその前年も同じような状態だったことが読み取れる。そして私だけでなく、番組共演者がそうであったように、周りの人もきっと同じような状態になっているはずである。

毎年冬になると、クマやリスには冬眠があるのになぜ人間には冬眠がないのかと疑問に思う。しかし今年から私の考えは、冬眠はしなくて良いので、この天候によりやる気の出ない時期に二ヵ月ほど人間は働くのをやめてみるというのはいかがであろうか、に変えてみる。この気怠さは日本の気候特有だと思うので、日本に住む人だけ六、七月は「梅雨眠」とでも名前をつけて活動を休止する期間にしてみてはいかがだろうか。この期間が終わり本格的に夏に入り、街がカラッとしてきたころに活動を再開すれば、二ヵ月ほど休んだし、とやる気が出るかもしれない。デメリットといえば二ヵ月も休んでしまったことにより、そのまま働かなくなる可能性があるということであろうか。

ＳＮＳに「やる気が出ない」と投稿してみようかと思ったのだが、それが私以上に働いて頑張っている人の目にも留まってしまうことを考えると申し訳なくてやめた。知っている芸能人が突然ＳＮＳにネガティブな投稿をしていたら、働きすぎちゃったのかな？　とか体調大丈夫かな？　などと心配になってしまう。きっと私のファンの方も私がそんな投稿をしたらそう思ってしまうだろうし、そういった状態とはいえ元気なので無駄な心配はさせたくない。そう考えるとＳＮＳには投稿してはいけない文章だと判断した。しかし天気のせいで元気は出ないし、偏頭痛はするし、頑張りたくても頑張る気力がわかない、これは本当のことで共有したい気持ちもある。そんな時にはこうして文章を書くことで少し解消される。誰にも言えないとさらにモヤモヤとして、私だけがダメな人間になったような気持ちになる。

やる気が出ないことや、気怠いというのは誰にでもある感情なはずなのにみんな頑張り屋さんだから、どうもＳＮＳに投稿するにはネガティブすぎるワードに思えてしまう。しかし場所を選んで発言すればみんなと共感し合えるワード。言葉は使う場所をわきまえないと、本意とは違った形で人へ届いてしまうことがある。最近ではＳＮＳで簡単に発信できてしまうからこそ、自分一人の心の声だったはずが、突然思わぬ方向へと拡散されてしまい、「そういうつもりではなかった」と削除したところで、誰か見知らぬ人の携帯の中には残り、それが問題として掘り起こされてしまうこともある。私もある程度の使用方法は理解して注意しているつもりだが、何が火種になるかわからない。少しでも燃え上がってしまいそうなものは所持しないようにし、常に用心しておきたいものだ。いつ誰に見られてもいいよう真面目に生きていないといけないとはなんて気怠いのだろう。これでは時期関係なく、年中気怠くなってしまう。果たして世の人も同じように感じているのだろうか。いっそ「年眠」してみるのはいかがと思ったが、つまり……と怖い話になってしまいそうなのでやめておこう。

22

私の中に住むもの

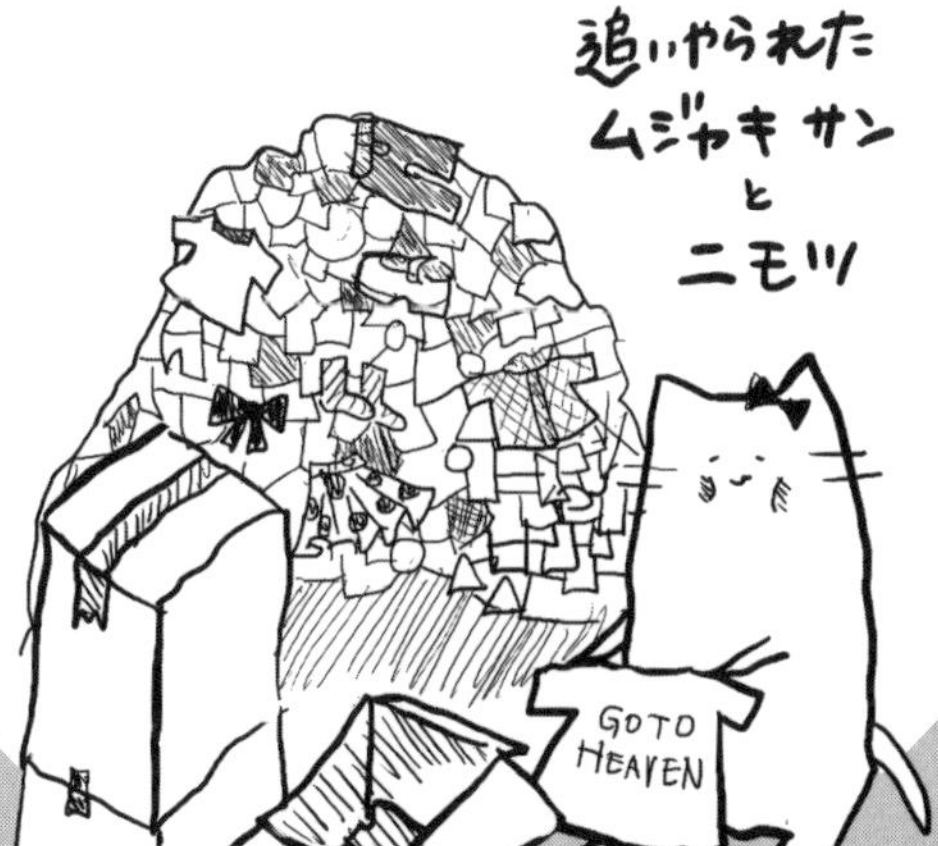
追いやられた
ムジャキサン
と
ニモツ
GOTO HEAVEN

一つ手に入れて、一つ手放す。大人の品を手に入れて、無邪気さは手放した。あの頃、私にとって最強の武器だった無邪気さも今は手元にない。代わりに誰とでも合わせられる品を手に入れた。

少しでも化粧っ気がないほうがいいし、寝癖は個性、服は少し汚れているくらいがいいと思っていた。古着屋に行き、好みの服を買うつもりが、一九七〇年代のものと言われ服そのものの色やデザインよりもその数字の響きに惹かれ購入を決める。二度と造られない、二度と出会えないというオンリーワンな価値に惹かれて買い物をした。あの頃は服を買っていたのではなく、歴史という価値を買っていたのだと思う。その服がどれだけ糸のほつれたものであろうと、長年生き抜いてきた埃っぽさの混じる決していいとは言えない匂いであろうと、ボタンが一つ欠けていようと、布の一部が破れていようとも、それが味であり、価値と感じていた。自分が若い分それらの持つ古びた空気を身に纏うことで、自らをそのくらい歴史と価値のあるものと見せたかった。大人から、この時代のものの価値が分かるなんて〝大人だねぇ〟と言われたかったのだ。

靴すら新品のものは履きたくなかった。コンバースなどの定番ブランドは新品でもすぐに手に入り値段も高くないが、あえて古着屋で紐や履き口がヨレているものを買った。革製品ならばつま先もかかとも少し擦れているくらいが丁度良かった。ドクターマーチンのヴィンテージシューズに心囚われていたが、私の足は22・5㎝と小さいのでぴったり合うサイズが売られていることはほぼなく、いつも足に合わない少し大きいサイズを履いていた。合わない靴ばかり履くため靴擦れができ、絆創膏はどこにいくにも手放せない相棒であった。どれだけ履こうが汚れを落としたり磨くなんてことはしない。汚れているくらいが〝歴史を感じられて〟丁度いいのだから。雨の日には水溜りにばしゃんと飛び込めるような靴が良かった。靴の価値よりも、そこへ飛び込む〝無邪気な私〟の価値の方が高かった。ヒールは似合わないと思っていたし、靴のソールはぺたんこであるほど良かった。しかし汚れているくらいが丁度いい私にも、靴に関しては一つだけ必ず守っていたルールがあった。昔、母からかかとは踏むなと教え込まれたのでいくら無邪気さが大事といえども、かかとを踏むことはなかった。

そんな私にあった無邪気さが、ここ数年で消えた。私の中には「無邪気さん」なるものがいて、本当はただ私の中に住み着いていただけで、どこかへと引っ越していったのかもしれない。彼女が住み着いていることで、オシャレかつクールであるような気がしていたが、いつの間にか彼女を隅へと追いやり居心地を悪くさせていたようだ。あの頃買った古着たちは、今の私には似合わない。買取を頼んでも高くて数百円程度で、価値もつかずに「こちらで引き取りますか？　持ち帰りますか？」と聞かれるものままであった。

無邪気さんは現実を知った。無邪気さんは他の住人が越してきたことに気付き、ジェラシーを抱いていた。無邪気さんの邪魔をしたのは品だ。突然隣の部屋に引っ越してきて、初めのうちは大人しく美しかった品が、少しずつ部屋を改築し、幅を広げ始め、とうとう無邪気さんの部屋を圧迫し、引っ越すまで追いやった。

　何かを手に入れた時には何かを手放さなければならない。部屋に入りきるものの量は限られている。人間も同じ。生きている間に自分の欲しいものを自分の中に〝全て〟溜め込み積み重ねていけるのかと思いきや、容量オーバーになって自ら選択し処分していることがあるだろう。気付かぬうちに忘れ、消え去っているものもあるのではなかろうか。人生積み重ねと言われることがあるが、本当に積み重ねているのだろうか。今の私がいて、人がされて嬉しいことが何か分かるのは昔誰かにそれをした時に喜ばれたからだ。しかし人がされて嫌なことを繰り返してしまうこともある。嫌がられた記憶を都合のいいように書き換え、もしくはなかったことにするのは、経験が積み重なっていないからではなかろうか。選択する時に、嫌がられた経験を「これは私にとって良くない経験だから」と捨てている可能性がある。だから知らぬ間に何度も繰り返す。喜ばれることの繰り返しであれば良いが、嫌がられることを繰り返してしまう可能性も大いにあるのだ。

　自分の収納可能な最大容量を知った上で、良い経験よりも、悪い経験を残していく方が人に痛みを与えない人間になれるのかもしれない。思い出は良いものだけを残すのが正解なのだろうか？　そうすれば自分は幸せだが、他者は本当に幸せだったと言い切れるのだろうか。

23

そのままでいること

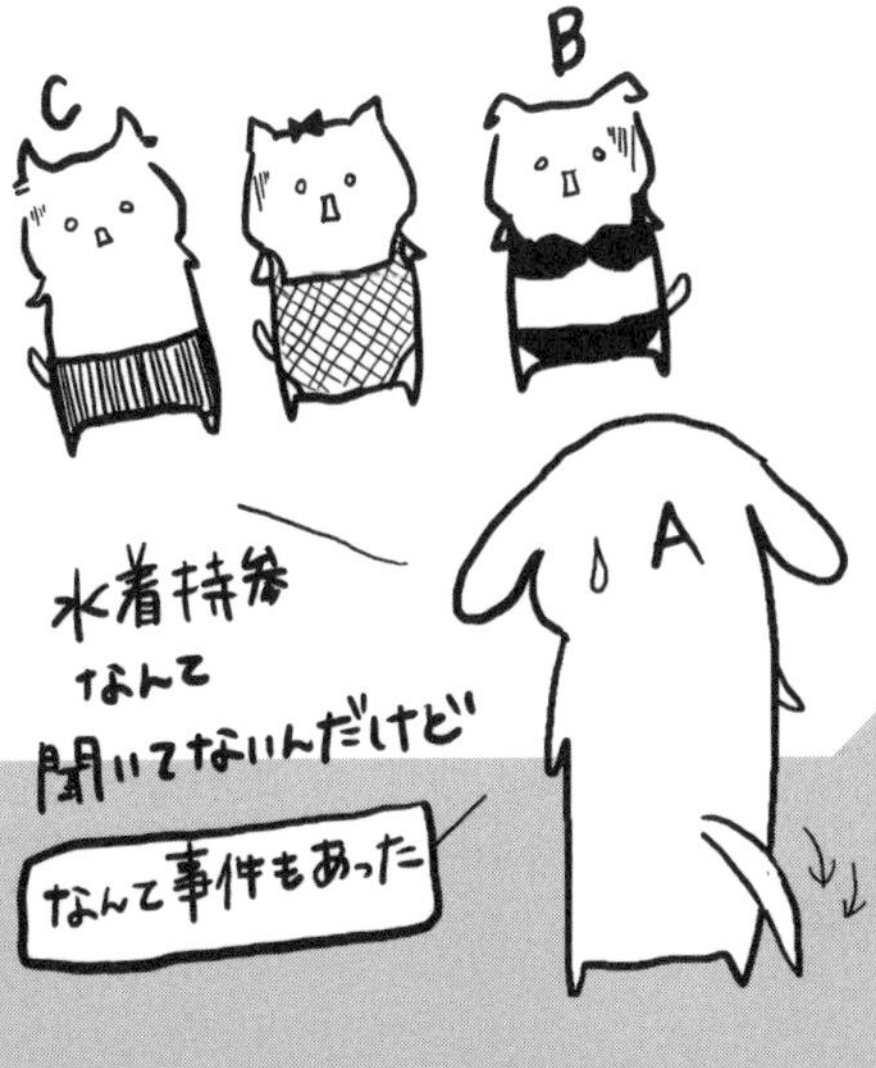

C
B
A
水着持参
なんて
聞いてないんだけど
なんて事件もあった

先日川サウナに行ってきた。友人Aの誕生日祝いをするためだ。Aの誕生日は七月であったがあまりに計画性がなく、祝うのが十月になってしまった。

川サウナとは、サウナ室に入り汗をかいた後、そのまま冷たい川に入ることをAと私が勝手に川サウナと呼んでいるだけで、正式に「川サウナ」と呼ばれているものではない。間違っても川の上にサウナがあるわけではないし、川がサウナのように熱いわけでもない。「川サウナ」と検索すれば、イメージに近いものが何件かヒットするので、こう呼んでいる人は少なくともワード的には多分間違っていないはずだ。

Aとは仲は良いが二人で会うことは滅多にない。私、友人A、そこにBとCという別の友人二人の計四人で遊ぶことが多い。いつからかこの四人でディズニーランドへ訪れることが恒例となり、今年四回目を迎えた。もちろんコロナ禍中には行けなかったが、街にマスクを着ける人もほとんどいなくなった今年は、ようやく四人でまたディズニーランドへ遊びに行けたのだ。

我々（とまとめてしまうと友人に怒られそうだが）は互いの誕生日をいつまでも覚えない。友人Bに関しては高校生時代に出会い、現在まで十三年も友人関係を続けているが誕生日を祝いあった記憶は数回しかない。それも自ら発起してというよりは、周りの先導により「そうか、誕生日だったか」と思い出し、会に参加しているだけのことが多い。互いにいつまでも覚えないので祝われなくともなんとも思わない。今年に関してはBがオタ活に忙しく、私の誕生日当日は韓国へ飛び、謝られたが「友達一生、推し推せる時に推しておけ」方針推奨の私としては、誕生日とオタ活どちらを優先させるべきかは考えずとも分かりきったことだった。きっと逆の立場になった時Bもそう言ってくれるだろう。Bは同じ感覚をもった、長く友人を続けても喧嘩が一度もない大変気のあう友人である。

友人CはA、Bに比べると出会ってからの期間が短いのだが運命数33（説明が大変なので運命数と検索をかけてほしい）のちょっと変わった人である。気を使わずまったりと一緒にいられ、たまに変だなぁとこちらが一方的に眺める時間がある関係の友人だ。ダンスをするとアンガールズの田中《たなか》さんに似る。私も自由でいたい人間であることから、このグループは統率を取れる者のいない結構ひどいグループなのだ。ここでようやくディズニーに行った話に戻る。このディズニーはAの誕生日サプライズで行ったのだが計画を立てられる人間がおらず、ディズニーまでAが車を出し、Aの運転で行き、Aが用意してくれたチケットで入場し、Aに自費でカチューシャを買わせた。その後レストランでケーキは出したが、誰も誕生日プレゼントを用意しておらず、その時にプレゼントとして差し出したのが川サウナに行ける券だったのだ。後日日程を決めましょうと七月に渡してようやく決行したのが十月だった。

そんな感じで決まった川サウナだったがここでも計画性のなさが発揮され、そこからも大変だった。東京近郊の川サウナは予約が埋まっており、なんとか見つけたサウナは山梨。予約を取るものの交通手段を考えておらず、調べてみると電車では行けない。車を所有するのはAと私だけ。Aに山梨まで運転させるわけにはいかないが、私の所有する車は月に一度はレッカーされるおじいちゃんヴィンテージカー。そんな車で山梨までなど怖くて行けるわけもなく、レンタカーすることに。前日に雨予報だということに気付き、心配もそこそこに雨に打たれながらサウナに入るのも思い出でしょうと言う。当日、天気予報は曇りのち雨と変わりギリギリもっていた。集合時間を守る者はおらず、着いた時間は決めていた到着時間より一時間遅れた。着いてからもお腹が空いた組と早くサウナに入りたい組に分かれる。日が暮れちゃうと川に入れないからと先にみんなでサウナに入ることにした。みんなで来ているのにサウナも川もバラバラで入る。その後BBQをし美味しい肉を食べていると、突然雨に降られ、せっかくサウナで温まったのに冷える体。突然踊りを教えてほしいと踊り出す、私以外の三人。このダンス講座があまりに下手くそで酷かった。

みな自由すぎて散々な旅だったが、だからこそ忘れられない良い思い出となった。年齢を重ねるに連れて、きちんとしなきゃと大人びていくが、計画がどんなに酷くてもまるで学生だった頃のように自由気ままにそのままでいられる友人と過ごせる時間を大切にしたいと思えた。子供でいられる大人って最高だ。

24

初の試み

みなさんは大会に出場したことがあるだろうか。私はこれまでなかった。しかし二〇二三年十一月、人生でほぼ初めて大会というものに出場する。私が出演するバラエティ番組「それって⁉実際どうなの課」の企画だ。ワイルドスピード森川という名前を貰ってから四年程経った。これまでは日本国内で大道芸やブーメラン、ダーツなどその道を長年極めてきた達人に技を教えてもらうという企画だったが、とうとう大会に出ることになってしまった。

大会に出るのは人生でほぼ初めてと書いた。中学生時代に吹奏楽部に所属していたので大会に出るための地域予選のようなものは出たことがあるが、予選敗退だったから大会には出ていない。なのでほぼ初めてとした。

これまで生きてきた人生のうちで、なにか一つのことに夢中になり極めたためしは一度もなかった。そんな私はもちろん大会という言葉とは無縁だ。大体の人は小学生の頃に習っていた水泳で大会に出たことがあったり、野球で大会に出たことがあったりと大会経験者は多いはずだろう。習い事と大会は大体セットである。初めは楽しく習い事をしていたのに上達すると大会に出るようになる。人と競うのが苦しくて、楽しくなくなってしまいやめてしまったなんて話もよく聞く。昔は習い事ができる人達のことを羨ましく思い、自分も何かを習いたいと思っていたが今思えば、今日は行きたくない、勝ちに拘らなくてはならない等、習い事をしていれば一度は抱くであろう負の感情やストレスを幼少期に抱えることなくスクスクと育ったのは、今の人格に大きく影響しているのではないだろうか。

人と競わなくてはならない。そんな感覚が私の中にはあまりない。私が私らしく自由気ままに生きられること、これが私にとって一番大切だ。そんな生き方をしているとストレスを感じることも少ない。人より長生きしそうな気がする。突然死にそうな気もするが（笑）。

ただ良いことばかりではない。一つのことに集中して最後までやり遂げることができない性格でもある。ストレスを回避するためにある程度やれば十分と無理ない範囲で自分に制限をかけるからだ。大会経験者なら誰しもが通るもっと上手くなりたい、上を目指したいという気持ちを幼少期に抱いたことがないせいか、大人になった今も「もっと」という欲望があまりない。

そんな性格もあって、今回大会に出ませんかと番組側からお話があった時に一度お断りをしている。中途半端な気持ちで出るのは本気で大会を目指している方に申し訳ないからだ。私がいつもやっている企画の趣旨は、教えてもらった技をたった一日でどこまでやれるのかというものだ。何ヵ月もかけて練習をし達成するのとは全く違う。これまで何年も練習し頑張ってきた皆さんの中に交じって大会に出場するというのは、かなりの覚悟と責任感が必要であった。ましてやこの歳まで大会に出たことのなかった私には、テレビの企画を背負って大会に挑むなどあまりにもプレッシャーが大きかった。これまで四年かけて築き上げてきた「なんでもすぐできちゃう子」という看板が一瞬にして壊れてしまうのではないかという恐怖心もあった。

それをはっきりと伝えた。すると番組Pの簑羽《みのわ》さんは「絶対大丈夫。どんな結果であろうと必ず良いものにするから。俺たちは結果ではなく頑張る森川が撮りたいんだ」と仰ってくださった。私のことを信じてくれているからそう言ってくださったのだろう。その言葉を聞き私も自分一人で頑張るのではなく四年も共に走り、ワイルドスピード森川という人気企画を作り上げてくださった古川《ふるかわ》D、毎回「今日はドキュメントを撮りにきたから」と言い重いカメラを何時間も抱え回し続けてくれる撮影チーム、そして周りで応援してくれるみんなをもっと信じるべきだと思い大会に出る覚悟を決めた。

覚悟を決めてからは少しだけで良いからと低めにハードルを設け毎日練習をするようにしている。突然上手くいく日もあれば、全くできない日もある。そんな日は何度やっても上手くいかない。ある程度の所で止めて嫌にならないようにするのも大事と早めに切り上げることもあれば、イラついてできるまで何時間も練習し続ける日もある。しかし本当に心配なのは、練習はいくらでもできるが大会に出るという経験がないので緊張に対しての対策方法がわからないことだ。舞台に出たことがあるので多くの人の目を気にしないことはできるが、そんな状況で良いタイムが出せるのか。心配はつきないが、今の私にできるのは練習だけ。あとは周りを信じなんとかなると乗り切るだけ。このエッセイが出る頃には大会のテレビ放送は終わっている。どんな結果であっても皆さんが温かく受け止めてくれますように。精一杯頑張ったということだけは届きますように。そう願いながら今日も練習する。

まだまだじんせいに諦めがつかない。

25

追記

大会が終わった。私がアジア大会で参加したのはスポーツスタッキングというカップを積み上げ片付けるまでのタイムを競う競技だった。結果は個人銅メダル一つ、ダブルス銀メダル一つ、チームリレー金メダル一つという成績に終わった。私が参加した部門はマスターズ1女性部門と呼ばれる二十五歳から三十四歳までの女性が出られる部門であった。アジア大会でその部門に参加した人数はたったの五人だ。番組の放送では使われなかったが、大会が始まる前に伝えられていたのは、参加者のうち上位半数のみが予選通過でき、決勝に出ることができるということだ。つまり決勝に出られるのは三人まで。予選の段階で三位までが決まり、それ以下は決勝に参加すらできないという条件だった。

私の予選での結果は四位だった。この段階で私のアジア大会へのチャレンジは終わった。せっかくここまで練習してきて、アジア大会まできたのに、決勝に行く姿を視聴者の皆さんへお届けできないということへの不甲斐なさと、どこかでまだ諦めきれない気持ちで「仕方ないですね」と自分を納得させるようなコメントしかできなかった。

その翌日は個人の決勝には出られなくとも収録はするため、支度を済ませ会場に向かおうとするとスタッフさんから話があると止められた。その内容は「大会なのに予選の段階で三人、三位までと決まっているのはいかがなものかとアメリカ本土（スポーツスタッキング発祥の地であり、協会が存在する）から連絡が入り、結果四位までが決勝に参加できることになった」ということで、突然の決勝進出が決まったのだった。決勝出場を諦めた上、開催場所が韓国だったこともあり腹痛になってもいいやと辛い料理を前日に沢山食べたことを少し後悔した。それだけではなく、見ると悔しさが込み上げてしまうからと、カップをスタッフさんに預け部屋に持ち帰りもせず、目を背けたことにも反省した。

結果は冒頭に記した通り、個人戦は三種目参加したうち一種目のみ三位に入ることができた。これは私の実力ではない。私より圧倒的にうまい選手の一人が決勝という魔物に襲われたのか、結果が振るわなかったのだ。

そのおかげで私は銅メダルを取ることができた。周りの皆はあなたが落ち着いてトライして記録をきちんと残したからこれもあなたの実力だよ、と言ってくれたが、どうしても私は自分の実力とは思えなかった。いや、今も思っていない。私の実力は圧倒的に劣っていた。運良く取れた銅メダルを素直に喜べなかった。参加すらできなかったはずなのに急遽ルール変更があり出場できた決勝で、運に任せて取れた賞で浮かれ喜ぶ自分に腹が立ってしまったので、番組の撮影上は喜んだがそれ以外の場所では喜ばなかった。

その他二つ、ダブルスとチームリレーでもメダルが取れた。この二つに関しても私の力ではない。ダブルスに関してはコーチである瀬尾《せお》さんのスピードについていくことで取れた銀メダルであるし、チームリレーの金メダルは、私の前にかなりいいタイムで繋げてくれたチームメイトの三人のおかげだ。それなのに私だけがすごいかのように褒められるとどうしても納得がいかず、おめでとうと声をかけてくれる人に一々説明している。私が取った賞ではないと。

今回の大会の賞は私をここまで連れてきてくれた番組に全て渡したい。子供の頃から一度も大会というものに出たことがなかった私に、希望を見出しアジア大会という場所まで連れて行ってくれた番組には改めて感謝だ。私の人生に大会という経験を追加し感じたことのない感情を、番組が存在しなかったら決して味わうことのなかった悔しさを味わわせてくれた。

そんな番組が終わってしまう。マイホームのように通っていた場所がなくなる。これを初めに聞いたときにも「仕方ない」と呟いた。そう言わなければ納得できないからだ。納得できないからと言葉を連ねても、何も変わらない。受け入れるため仕方ないと呟いた。それしか私にはできないからだ。

一緒にワイルドスピード森川というコンテンツを作り上げたチームとの別れは軽い気持ちでばいばいと言えない。またね、とも言えない。しかし毎回本気でやりきったからこそ悔いもない。私個人としては大会の結果に満足はしていないが、バラエティとしては有終の美だったのではなかろうか。業界視聴率の高い、業界で話題になるバラエティ番組に参加できたこと。人は忘れていくかもしれないが、私は忘れない。いつかそんな番組があったんだって言われる日が来るかもしれない。けれどそんな時は誇りを持って、あの頃とんでもなく人気のあったバラエティ番組にレギュラーで私は出ていたんだよと胸を張って言うだろう。

26

ひとり

今日は一人でお高めコースランチを食べに行った。そのお店は家から徒歩圏内の距離にある、イタリアンを提供しているお店だ。少々値段がお高く、テーブルには真っ白なクロスがかけられ、パンをオリーブオイルで食べるような高級店である。前から気になっており一度行ってみたいと思っていたが、高級店であるということをふまえると友達とご飯に行く約束をする時には候補に挙げづらいお店であった。

午前中に用事を済ませ丁度ランチのお店がオープンする十一時半頃から暇になった。そのまま家に帰る選択肢もあったが、天気も良いし帰るのはもったいないような気がして外で昼ご飯を食べることにした。元々考えていたのはオムライスだったが、お店を探し様々な食べ物の写真を見るうちにパスタが食べたい気分へと変わっていった。家からあまり遠くないところにいたので、とりあえず歩くかと家の方向へ歩きながら何を食べるか考えた。あそこの焼肉屋は夜しかやってない。あそこのイタリアンは先日行ったばかりだ。気になるハンバーガー屋さんもあるが今日はパスタが食べたい。ふらふらと歩きながら考えていたのだが、ふと思い出したのだ。あそこのパスタが食べたい。

一人で店に入ることに対して恥じらいのない私は、一人で高級イタリアンランチのお店に入ることも、なんとも思わなかった。お店の扉を開け、店員さんの何名様ですかの問いに堂々と人差し指を一本立て「一人です」と言った。店内の中央に置かれた二人席へと案内され、厨房が見える側と窓が見える側があったが、店員さんと何度も目が合うのはちょっと気まずいので窓が見える側の席へ座った。パスタコースランチを頼み一品目、二品目と食べ終わり、パスタを待っていると、近くの席に四人組のお姉様達が着席した。とても仲が良さそうで「今日は携帯を家に忘れてきてしまったから、写真お願いね」という会話をしていた。その内容から察するにきっと何度もその四人でランチをしているのであろうことが読み取れた。なんて人様の話を盗み聞きしていると、その中の一人のお姉様がこちらに気付いた。お姉様はひそひそっと「あそこ一人よ」と言った。すると別のお姉様が「私は一人で食べるくらいなら、家に帰って食べるかな」とのこと。別のもう一人はひそひそと話した方とは違い、耳に入ってしまうくらいの声の大きさで話をしていた。その方にとっては嫌味のつもりも無かったかもしれないが、一人の私に対して嫌でも聞こえてしまうくらいの声量で言ったのが気になってしまった。私にはそれが「一人で食べに来るなんて変」と言っているように感じたのだった。

その後は私のことなど気にせず四人でお酒を飲み盛り上がっていた。私は出てきたパスタを一人で美味しく噛み締め十分に味わいながら食べ終え会計をし、店を出た。

家に帰る道を歩きながら、つい考えてしまった。確かに店側からしても二人席に一人で座られてしまったら、収益は単純に半分になる。しかし一人ならではのメリットもあって、誰よりも早くお会計をして、退店するので座席の使用時間は短い。すぐにテーブルの上を片せばまた次のお客さんが入れられる。

「一人で食べに行くべきではなかったのではないか。お店に迷惑だっただろうか」と思いつつ美味しかったからまた行こうかなと考える私。何せ気楽なのだ。一人で入店して断られたら、それは仕方ないと受け止める。それくらいの余裕で一人の時間を満喫する。

おわりに

おわりに

言いたいことが、いっぱいある。でも言えない。だからこうして文章にすることで少しだけ心が落ち着く。喋るより、書いた方が思っていることをきちんと伝えられる。考えていることがいっぱいあるからこそ、上手にまとめられなくて、話すのが下手くそなんだ。態度で表すのが上手じゃなくてごめん。思春期なんかじゃない。頭の中でぐるぐる言葉が回って肝心なことを喋る前に、簡単な言葉で済ましてしまうんだ。こんな言葉じゃ私の想いは伝わってない。本当は伝えたいことがいっぱいあるんだ。でもまとまらないからつい言えなくなってしまう。SNSには文字数制限というものがある。長々と書いたところで、それがどのくらいの人に自分が思った通りに届くか分からない。読み方によってはいくらでも揚げ足取りなんてできてしまう。そんな世の中で不特定多数に発信することの不安から、最近はまたさらに言葉が少なくなってしまっていて。

いいの。これくらいが分かりやすいから。

いいの。別に本音を分かってもらえなくて。


そんな風に自分をくるくるっと丸め込んで箱に詰めて蓋をして。そんなことを長くしているもんだから、私はそういう人間だったのかもしれない。そう思うようになってしまっていた今日この頃だけど、やっぱり文章を書き始めれば止まらない手。自分のことなんて何も分かっていないんだ。自分のことをコントロールして、自分で自分を洗脳するなんて簡単なことなんだ。

「私はそういう人間」とそんなことを思っているうちに本当にそんな人間

になってしまうのは容易《たやす》いことなのかもしれない。

「口にすれば願いは叶う」。そんな言葉をよく聞くけれど、私は願いをあまり口にはしたくない。人に伝えていけば確かに願いが叶う確率は高くなるかもしれない。けれども願いを口にしてしまうと、簡単な願いに変わっていくように私は感じる。だって人に笑われたくないから、まずは手の届きそうな範囲のことを願うようになるでしょ？　私の願いは私だけのもの。神社で手を合わせながら願う時も声には出さない。それと一緒。本当に私が願うことは私だけが知っていればいい。けれどせっかくだから一つだけここに願いを書くならば、愛されたい。しかし愛されるには、まず自分が人のことを愛さなくては。

時々ふと思う。私は私を応援してくれる人に対しての愛が足りていないのではないか。

申し訳ないが確かにこれまで足りていなかったように思う。ごめん。でも言い訳をさせてもらうならば形が見えなかったからかもしれない。交流する場もなければ、どこに存在するかも分からない、どうやって愛を伝えたら良いか分からなかったのだ。昔書き込まれたコメントで未だに引っかかり続けていることがある。舞台挨拶の際に手を振っていたのだが「あなたのファンなんてどこにもいないのによく手を振れるね」と。そんなの気にしなくていいよと思うかもしれないが、確かにその場には他の方のファンしかおらず誰もこっちなんて見ていなかった。それに気付いていたからこそ、深く私の心に傷をつけたのだ。誰もこちらを見ていないと分かっているけれど無愛想にするべきではないと思ったので、空虚な笑みを作り、手を振った。それさえ許されないのならば、私はどうするべきだったのだろうか。それ以降正直舞台挨拶が怖くなってしまっていた。

しかし昨年、写真集の発売の際初めてファンイベントを開催した。人が会いに来てくれるという自信がなかったので、イベントに参加できる人数の枠が少なければ少ないほどよいと考えていた。私は馬鹿だった。あの日たった十秒、いや十秒もなかったかもしれない。そんな短い時間でもよいから会いたいと会場まで来てくれた大勢のファンの方々。その愛とパワーをはじめて目の当たりにした。今でも鮮明に思い出せる。短い時間でこれまでどれだけ私のことを想い、応援していたかを必死に伝えようとしてくれる。何度も何度も回って、もうこれ以上話すことないよーというくらい会いに来てくれた人たち。私はちゃんと見ていなかったのだ。私を愛してくれている人たちのことが。改めて伝えたい。いつもありがとう。ありがとうなんて言葉じゃ収まりきらないくらい。愛してる。と。ほらまた簡潔に言おうとしている。けどちゃんと伝わっているはずだと信じている。私の願いは愛されたいと書いたけれど、もうすでに十分愛されていた。やっぱり願いは口に出さずとも思っているだけで叶うのかもしれない。話すのが下手くそでなかなか想いを上手に伝えられないからこそ、またいつかこうして文章を綴ってみなさんに届けられる日がきますように（……来なくてもどこかで必ず伝えます）。

最後になりますが、この連載を約二年にもわたり掲載してくださった小説現代、出版してくださる講談社様、いつもいつも締切を守らずご迷惑をおかけし続けた担当者様、本当にありがとうございました。数々の素晴らしい小説家さんの文章と比較すると（比較できるようなものでもないですが）まとめきれず、拙い言葉、粗さが目立つ連載エッセイだったかと思います。毎月二千字近くのハードルはなかなか高く、何を書こうか考えても何も浮かばないこともありました。しかしどんな内容でも必ず感想を送ってくださり、そのかけてくださる優しい言葉に、こんな原稿で申し訳ないですと思う反面、次こそ必ず良いもの書いてぐっと言わせてやりますと力をもらっていました。このエッセイの文は私が書いたものを、担当の方や校閲の方、多くの方に修正をしていただいた上で出来上がっている原稿です。私だけの力ではこんなに安定した文を出すことはできませんでした。

ここまで読んでくださった読者の方にも御礼申し上げます。大変だったけど文章を書くのはやっぱり楽しかった！　またどこかで会いましょう。

会いましょうじゃないですね。書きます！　読ませます！……読ませます……？　会わないけど、会いましょうでいいですね。またどこかで会いましょう！

最後まで言葉はやっぱり難しい！　ありがとうございました！　さようならー！

特別寄稿

森川葵ってどんな人？

高校から付き合いのある友人Aに初エッセイ集のあとがき的ポジションを託し、冒険を試みるような人。今の状況からも森川葵がどんな人物であるのかうっすら想像ができるかもしれないですが、これでは状況を表しただけで終わってしまう……。せっかくいただいた機会なので知る限りの葵のことを少しだけ綴《つづ》ってみたいと思います。

初めにこのお話をいただいた際に、雑誌で連載していた過去のエッセイをすべて読んでみました。日頃感じていた〝一方を知っているだけじゃつまらないからもう片方も覗《のぞ》いてみよう〟のような精神性や好奇心をエッセイからも感じ、今まで見てきた葵像の点と点が繋《つな》がった感覚でした。

出会った頃から葵は既に芸能人で、当時授業で家具を作り、週の半分は制服ではなく作業着で過ごすような特殊な学生生活だったため、それが功を奏してなのか打ち解け合うのは早かったです。途中から授業もあまり受けられないくらい仕事が忙しくなっていましたが、何故《なぜ》かテストでは100点。謎。その頃「暗記科目はなんとなく写真を撮るようにページを記憶している」と言っていました。人より随分と器用であることはテストの点数でも家具作品でも感じていましたが、きっと裏で努力もしていただろうその姿は今テレビで見る姿と変わらないのかなと思います。（ひけらかさない様子も昔から変わらずです）

連載が始まり二年間その時々で感じ考えてきたことを綴った大切な一冊の中に私の言葉を入れようと考えてくれたこと、ふと嬉《うれ》しいと思いながら書いていました。本の出版おめでとう！　これからも健康に気を付けて楽しく過ごそうね。

カバーイラスト／デザイン　荒居 誠（PERIMETRON）
カバー題字／本文イラスト　森川 葵

初出
「小説現代」二〇二一年八月号〜二〇二三年一二月号
単行本化にあたり、加筆改稿しています。

森川 葵（もりかわ・あおい）
1995年6月17日生まれ。愛知県出身。2010年、ファッション雑誌『Seventeen』の専属モデルオーディションでグランプリに選ばれ、モデルデビュー。 その後、俳優デビューすると数々のドラマや映画、舞台の話題作に出演。近年の出演作に、映画『ある閉ざされた雪の山荘で』、ドラマCX『大奥』、NTV『街並み照らすヤツら』など。NHK Eテレ「#バズ英語 ～SNSで世界をみよう～」でMCを務めるなど多方面で活躍中。

じんせいに諦《あきら》めがつかない

2024年6月17日　第1刷発行

著　者　森川《もりかわ》 葵《あおい》
発行者　森田浩章
発行所　株式会社講談社
〒112-8001
東京都文京区音羽2-12-21
電話　出版　03-5395-3505
販売　03-5395-5817
業務　03-5395-3615

KODANSHA

本文データ制作　講談社デジタル製作
印刷所　株式会社KPSプロダクツ
製本所　株式会社国宝社

Printed in Japan　ISBN 978-4-06-535544-2
N.D.C.913　182p　18cm